Web
アンケート調査
設計・分析の
教科書

第一線のコンサルタントがマクロミルで培った実践方法

エイトハンドレッド・渋谷智之 ─────著

DATA UTILIZATION

SHOEISHA

本書内容に関するお問い合わせについて

このたびは翔泳社の書籍をお買い上げいただき、誠にありがとうございます。弊社では、読者の皆様からのお問い合わせに適切に対応させていただくため、以下のガイドラインへのご協力をお願い致しております。下記項目をお読みいただき、手順に従ってお問い合わせください。

●ご質問される前に

弊社Webサイトの「正誤表」をご参照ください。これまでに判明した正誤や追加情報を掲載しています。

　　　　　　正誤表　https://www.shoeisha.co.jp/book/errata/

●ご質問方法

弊社Webサイトの「書籍に関するお問い合わせ」をご利用ください。

　　　　　　書籍に関するお問い合わせ　https://www.shoeisha.co.jp/book/qa/

インターネットをご利用でない場合は、FAXまたは郵便にて、下記"翔泳社 愛読者サービスセンター"までお問い合わせください。
電話でのご質問は、お受けしておりません。

●回答について

回答は、ご質問いただいた手段によってご返事申し上げます。ご質問の内容によっては、回答に数日ないしはそれ以上の期間を要する場合があります。

●ご質問に際してのご注意

本書の対象を超えるもの、記述個所を特定されないもの、また読者固有の環境に起因するご質問等にはお答えできませんので、予めご了承ください。

●郵便物送付先およびFAX番号

　　　送付先住所　　〒160-0006　東京都新宿区舟町5
　　　FAX番号　　　03-5362-3818
　　　宛先　　　　　（株）翔泳社 愛読者サービスセンター

はじめに

● アンケートによる「顧客理解」の重要性

　ビジネスを成長させるには、顧客の目から見て「競合よりも優れた価値」を提供していく必要があります。競合よりも自社が優れていても、顧客が「両方とも同じ」と認識していたら、それが全てです。この顧客の頭の中を理解する代表的な手法が、アンケートやインタビューなどのマーケティングリサーチです。

　現在は、IoTやキャッシュレス化の進展などにより、行動データの蓄積が進み、AI・機械学習などのデータ分析・活用が活発になっています。こうしたことを背景に、サンプルサイズが小さいアンケートの価値が軽んじられる風潮が見受けられます。本当にアンケートは意味がないのでしょうか?

　筆者は、行動データが拡大すればするほど、アンケートの価値が高まると考えています。行動データは、「誰が(WHO)」「いつ(WHEN)」「どこで(WHERE)」「何を(WHAT)」「いくらで(HOW)」といった事実を把握することができます。顧客の無意識の行動を計測できることは、顧客理解の大きな武器になります。

　一方で、行動データからの「なぜ(WHY)」の分析は、データ分析者の経験・センスに依存しがちです。従来の価値観とは異なるZ世代の出現など、時代が大きく変わるとき、過去の経験に基づく意思決定だけではリスクが高まります。このリスクを減らしてくれるのがマーケティングリサーチです。

　現在では、Googleなどプラットフォーマーもアンケート機能を提供して、アンケートが実施しやすくなりました。しかし、アンケートを実施したいが、どのように進めればよいかわからない、調査票の作り方がわからない、どのように分析すべきかわからない、参考となる書籍はないか? とよく聞かれます。アンケートによる顧客理解の重要性が高まっている一方で、有効活用できておらず、「なぜ(WHY)」の理解が浅いと感じることが多いです。

● 本書は「Webアンケートの要諦を整理した実践書」

　本書は既刊『データ利活用の教科書 データと20年向き合ってきたマクロミルならではの成功法則』の姉妹書です。既刊では、データ利活用のステッ

プごとに、必要なビジネス知識・スキルを整理しました。特に、データ利活用の成否を握る「課題の設定」に重点を置き、マーケティング、ロジカル・シンキング、仮説思考、問題解決ステップなどを取り上げました。「第8章 リサーチを活用した1次データの収集」においてアンケートを取り上げましたが、紙面の制約上、一般論に終始していました。本書は、Webアンケートの設計・集計・分析について掘り下げた実践書です。

筆者は、マーケティングリサーチ企業のマクロミルのグループ会社であるエイトハンドレッドに所属しています。以前はマクロミルにて、日用消費財・耐久財・サービスなど幅広い業種のマーケティング課題の整理・リサーチ企画・設計・分析・レポーティングを一気通貫で対応していました。また、クライアントが作成した調査票をチェックする機会に多く恵まれました。

本書は、筆者が試行錯誤の中で蓄積してきたWebアンケートのノウハウを詰め込んだ書籍になっています。ブラックボックス化しやすい調査票の作り方、集計加工、データ解釈のポイント等も記載しています。

◦ 本書の構成

本書は、全7章構成です。第1章では、意識データを活用した顧客理解の重要性、その手段であるマーケティングリサーチを説明しています。第2章では、Webアンケートの実施ステップを説明した後、定量調査の主流であるインターネット調査の特徴を説明しています。第3章から第6章では、実施ステップに沿って、各ステップの流れ、注意点などを整理しています。

第7章では、代表的なWebアンケートテーマを取り上げています。アンケートは手段であり、課題により最適なリサーチ設計は変わります。リサーチ設計を考える出発点として活用いただければ幸いです。

なお、本書では、紙の調査票と区別するために、調査会社が提供するインターネット調査、GoogleやMicrosoftなどのプラットフォーマーが提供するアンケート機能などを総称して「Webアンケート」と呼んでいます。紙面の制約上、「Webアンケート」を「アンケート」と記載していますが、意味合いは同じになります。

Webアンケートの手引書として活用していただき、「なぜ（WHY）」を読み解くスキルを高め、皆様のビジネスの成長に貢献できれば幸いです。

2023年11月　株式会社エイトハンドレッド　渋谷智之

目次

第 1 章
意識データを使いこなすことの重要性　　13

第3章

Webアンケートの成否を握る
「リサーチ企画」の理解　51

第 4 章
Web アンケート調査票の作成 91

第 5 章

Web アンケートの集計・分析　137

第6章

Webアンケート分析の幅を広げる解析手法 177

意識データを使いこなすことの重要性

第1章では、行動データを中心とするビッグデータだけでは意思決定に限界があることを説明していきます。より良い意思決定には、行動データと意識データの組み合わせが不可欠です。顧客の目から、自社や競合を評価し、自社独自の価値を提供していくことがビジネスの成功確率を高めます。顧客の目から評価する代表的な手段がマーケティングリサーチです。マーケティングリサーチの定義・種類、特徴を理解しましょう。

ビッグデータがあれば
意思決定は万全？

ビジネスで活用されるデータ種類の拡大

　2010年代初頭からのIoTの急激な進展、初代iPhone発売（2007年）以降のスマートフォンの普及、第3次AIブームと日常生活への浸透、新型コロナウイルス感染症拡大によるオンラインシフトなど、社会のデジタル化が急速に進んでいます。

　デジタル社会の進展は、行動データの種類と量の拡大をもたらし、マーケティング活動のデジタル化を促進しています。従来利用されてきたカスタマーデータ（顧客データ、販促データなど）、オペレーショナルデータ（POSデータ、取引明細データなど）に加えて、センサデータ（GPS、ICカードなど）を活用した位置情報関連のプロモーションも活発に行われています（図1.1.1）。

● 保有するデータ≠ビジネス価値が高いデータ

　ビジネスで活用されるデータの種類が拡大する一方で、社内に存在するビッグデータをビジネスに有効活用できていないという声をよく聞きます。保有するデータとビジネスで価値があるデータは、必ずしも一致しない点に注意が必要です。

　マーケティング活動の成果を測定する指標に「パーチェスファネル」があります（図1.1.2）。これは消費者が商品・サービスを購入するにあたり、「認知→興味→購入意向→トライアル→リピート」の流れを通過することを表現したモデルです。この中で、ビジネスで課題になりやすいのが、トライアルの前段階にあたる「いかに自社商品・サービスを知ってもらい、興味を持ってもらうか」「競合と比べた自社商品・サービスの価値を、どのように伝えて購入を喚起させるか」などです。

　一方、ビッグデータが得意なのは「トライアル」「リピート」といった購買行動の記録です。ここに保有するデータとビジネス価値が高いデータが一致

しない理由があります。認知や興味、購入意向などトライアル前の消費者行動の理解は意識データが中心であり、自ら企画して1次データを収集する必要があります。

① カスタマーデータ　CRMシステム等において管理されている顧客データ、DM等の販促データなど

② オペレーショナルデータ　販売管理等の業務システムにおいて生成されるPOSデータ、取引明細データなど

③ Webサイトデータ　ECサイトやブログ等において蓄積される購入履歴、イベントエントリーなど

④ ソーシャルメディアデータ　ソーシャルメディアにおいて参加者が書き込むプロフィール、コメントなど

⑤ ログデータ　Webサーバ等において自動的に生成されるアクセスログ、エラーログ、検索ログなど

⑥ センサデータ　GPS、ICカード、RFIDなどにおいて検知等される位置、乗車履歴、温度、加速度など

⑦ 調査データ　国勢調査や家計調査などの公的統計、民間企業が実施するアンケート、インタビューなど

▶ 図1.1.1　ビジネスで活用されるデータの種類

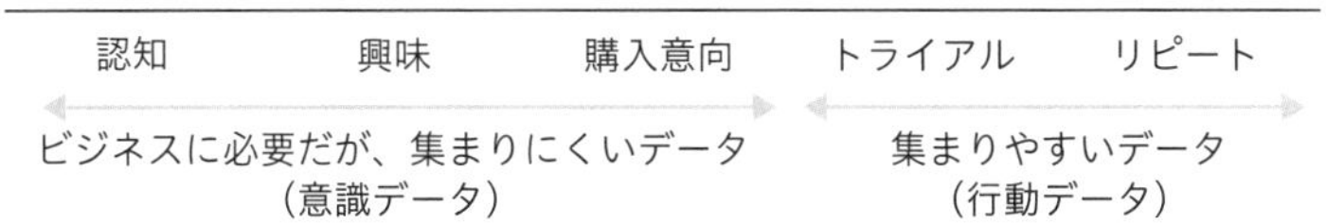

認知	興味	購入意向	トライアル	リピート

ビジネスに必要だが、集まりにくいデータ　　　　集まりやすいデータ
（意識データ）　　　　　　　　　　　　　　（行動データ）

▶ 図1.1.2　パーチェスファネルとデータ取得のしやすさ

● ビジネスでは「因果関係の解明」が重要

　ビジネスでは「Aが原因でBが起こる」といった因果関係がわかることが重要です。クリステンセン教授の著書『ジョブ理論 イノベーションを予測可能にする消費のメカニズム』*1には、「顧客が新しい商品を人生に引き入れる決断を下したとき、その根底に存在した因果関係とは何か？ どんなジョブ（用事、仕事）を片づけたくて、その商品を「雇用」したのか？ 顧客のジョブを理解する基盤を築き、戦略を立てれば、運に頼る必要はなくなる」との記述があります。因果関係がわかれば、「原因」を操作することによって「結果」を変化させることができます。

　同教授は、ジョブ理論の事例として「ミルクシェイク」を取り上げています。具体的には、インタビューを通じて「車通勤する人が、長い通勤中に退屈せず、お腹を満たしたい」というジョブを発見します。そして、ジョブを解決するために商品開発・改善を行った結果、売上が改善した事例です。

　データには「行動データ」と「意識データ」があります（図1.1.3）。行動データは、WHO、WHEN、WHAT、WHEREなどの事実ベースの把握は優れていますが、その行動の背景・理由（WHY）を理解するには限界があります。WHYの理解のためにも、意識データは必要不可欠であり、その代表的な手段がマーケティングリサーチです。

● データが増えたのに「顧客像が見えなくなっている？」

　西口一希氏は、著書『企業の「成長の壁」を突破する改革 顧客起点の経営』*2において、業界特性や企業特性を超えて根深く存在する共通の経営課題として、組織としての顧客理解が不十分であることを指摘しています。

　西口氏は、経営が見失っている顧客理解として、顧客の「心理」「多様性」「変化」の3つを取り上げ、3つの理解があるかどうかで、事業成長に差が生まれると主張しています（図1.1.4）。

　また、マクドナルドを事例に、「おいしいハンバーガーを求める顧客層」「独自のうま味のあるマックフライポテトを求めていて、ハンバーガーは副次的にとらえている層」など、複数の顧客層に分類されるとしています。そして、顧客（WHO）と、プロダクトの便益と独自性（WHAT）に価値を見いだす組み合わせを見つけることの重要性を強調しています。

　行動データでも顧客を分類（セグメンテーション）することは可能です。ただし、顧客がプロダクトに感じる便益と独自性は、N1分析などの意識データをベースに考えていくことが必要です。

行動データ	意識データ

- ✓ 事実ベースの行動を把握できる
- ✓ マーケティングのデジタル化との親和性が高い。個々の顧客に対するマーケティングができる
- ✓ 行動の背景・理由を理解することは難しい

- ✓ 行動データで捕捉できない行動を把握できる
- ✓ ある行動をとった背景・理由を理解することができる
- ✓ 行動データと意識データの結果はリンクしない（曖昧な記憶で回答。バイアスが生じる）

▶ 図 1.1.3　行動データと意識データ

①心理	✕ 顧客の情報接触や購買といった行動しか見ない
	➡ 行動の理由となる「心理」の理解が差を生む

②多様性	✕ 顧客を合計数や平均値でマスとして扱う
	➡ 価値観やニーズの「多様性」の理解が差を生む

③変化	✕ 顧客は固定化し過去と同じである前提で投資
	➡ 過去の投資の延長ではない「変化」の理解が差を生む

出典：西口一希『企業の「成長の壁」を突破する改革 顧客起点の経営』日経BP（2022）＊2

▶ 図 1.1.4　経営が失っている3つの顧客の理解

多様化する社会では消費者理解が不可欠

情報メディアの世代間格差

電通が発表する『日本の広告費』において、2021年に「インターネット広告費」が「マスコミ四媒体広告費」を抜いたことが話題になりました[*3]。エイトハンドレッドが実施する「ライフセグメント定点調査」[*4]でも、情報メディアの世代間格差が顕著になっています（図1.2.1）。

年齢別に、情報メディアの一週間当たりの平均接触時間を比較すると、18～29歳は「インターネット（携帯・スマホ・タブレット）」「ネット動画」、50歳～69歳は「テレビ」が中心となっています。この結果からも、50代以上を中心とした「旧リアルワールド」と、10～20代を中心とした「新リアルワールド」の2つの世界が同居している様子が窺えます。

時代が大きく変わるときこそ、徹底した消費者理解が不可欠

1996年～2010年生まれの「Z世代」は、デジタル×スマホ×SNSネイティブと呼ばれ、物心がついたころからスマホと一緒に過ごしてきた世代です。この世代の特徴として、「自分の好きなことで社会貢献したい」「自分の価値観を重視し、ブランドにこだわらない」などが挙げられます。また、トキ消費、イミ消費、ネタバレ消費、タイパ（時間対効果）などの独特な消費行動を持っています（図1.2.2）。

Z世代の後には、α（アルファ）世代が続きます。この世代は、学校教育でプログラミング言語に触れ、オンライン授業なども日常的に経験しています。Z世代よりもさらに進んだデジタル世代です。

彼らの行動の背景にあるメカニズムを理解することなく、KKD（勘・経験・度胸）で施策を意思決定していくことは、もはやギャンブルに近いとも言えます。マーケティングは「消費者理解に始まり、消費者理解に終わる」と言われます。時代が大きく変わるときこそ、行動データと意識データを組み合わせた徹底した消費者理解が不可欠なのです。

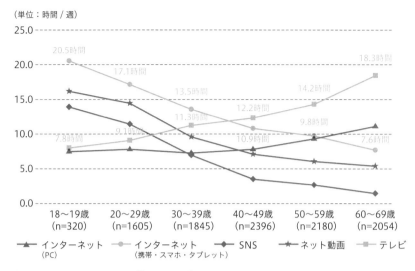

出典：エイトハンドレッド『ライフセグメント定点調査』2023年1月調査*4

▶ 図1.2.1　年齢別の情報メディア接触時間

	Y世代（ミレニアル世代）	Z世代
生まれた年	1981年〜1995年生まれ	1996年〜2010年生まれ
時代背景	新しいデジタル機器とともに成長	生まれたときから不況。ネットが当然
世代の特徴	デジタルネイティブ ・自分が好きなことを突き詰めたい ・体験に価値を求めるコト消費 ・情報収集はテレビ・雑誌・新聞・ネットのバランス型 ・情報収集は「キーワード検索」	デジタル×スマホ×SNSネイティブ ・自分の好きなことで社会貢献したい ・自分の価値観を重視し、ブランドにこだわらない。トキ消費、イミ消費、ネタバレ消費、承認欲求消費、タイパ ・情報収集は「動画検索」「タグ検索」 ・SNSはコミュニティごとに使い分け

▶ 図1.2.2　デジタル×スマホ×SNSネイティブの「Z世代」

1.3 マーケティングリサーチの定義・種類・活用シーン

マーケティングとは「売れ続ける仕組みづくり」

　マーケティングリサーチの説明の前に、マーケティングの定義を確認しておきましょう。企業は一度設立したら、継続的に存続していくことが求められます。そのためには、顧客を創造するとともに、事業の成長に向けた健全な利益を獲得していく必要があります。マーケティングとは、顧客を創造し、健全な利益を上げ続けるための「売れ続ける仕組みづくり」を言います。

　マーケティングの成功確率を上げるには、顧客の目から見て、競合よりも優れた価値を提供していく必要があります。「顧客の目」からがポイントです。どんなに「自社商品・サービスは素晴らしい」とプロモーションしても、顧客の頭に残らなければ存在していないことと同じです。そして、顧客の頭の中（パーセプション）を理解する代表的な手段が「マーケティングリサーチ」なのです（図1.3.1）。

● マーケティングプロセスにリサーチを組み込む

　マーケティングリサーチとは「マーケティング課題を解決するための具体的なアクションを決定するために、必要な情報を収集・分析する全ての方法」を言います。

　マーケティングで有名な企業は、マーケティングプロセスにリサーチを体系的に組み込んでいます（図1.3.2）。その有名な事象が、花王が新製品を開発する際に満たさなければならない原則をまとめた「商品開発5原則」[*5]です。その原則の1つに、「徹底した消費者調査に耐えたものであること」といった「調査徹底の原則」があります。全てのステップでマーケティングリサーチを実施する必要はありません。主要なタイミングで、消費者の評価を確認するステージゲート管理が重要になります。

　日用消費財メーカーをはじめ、多くの企業がマーケティングの成功確率を高めるために、マーケティングリサーチを取り入れています。

顧客
（Customer）

の目から見て

競合
（Competitor）

よりも優れた「価値」を

成功

自社
（Company）

が提供できれば

「顧客」からの評価が大事。
その代表的な手段が「マーケティングリサーチ」

▶ 図1.3.1　3Cから見たマーケティングの成功法則

① どこで戦うかを
決める（＝戦略）

② どのように戦うかを
決める（＝戦術）

③ 商品を育成する
（＝育成）

戦況分析　WHO×WHAT　　　　HOW　　　　　　　管理

市場環境
分析　　　STP

マーケティング・
ミックスの開発

 上市

商品・ブランドの
評価・改善

＜市場環境分析＞
● U&A（使用実態）調査
● ニーズ探索調査
● 競合把握調査 など

＜STP＞
● セグメンテーション調査
● コンセプト開発調査
● コンセプト評価調査 など

＜製品＞
● 試作品開発調査
● パッケージ・デザイン調査
● ネーミング調査 など

＜価格＞
● 価格受容性調査

＜プロモーション＞
● クリエイティブ開発調査
● メディア接触調査 など

＜総合評価＞
● 総合ポテンシャル評価調査

● 製品浸透度調査
● 顧客満足度調査
● 広告効果測定調査
● ブランド診断調査
● 顧客ロイヤルティ調査
● 新規顧客獲得調査 など

▶ 図1.3.2　マーケティングプロセスと主要なリサーチテーマ

マーケティングリサーチの種類

　マーケティングリサーチには「定量調査」と「定性調査」があります（図 1.3.3）。定量調査は「全体の傾向を「数字」で分析する調査」で、仮説の検証に活用されます。該当する選択肢を選んでもらうことで、選択肢ごとの「多さ」「程度」を測定・比較することができます。また、統計的な処理により、様々な分析を実施することが可能です。

　定量調査は、実施手段により、インターネット調査、訪問調査、郵送調査、会場調査、ホームユーステスト（HUT）などがあります。現在は、インターネット調査が主流です。ただし、定量調査は、事前に決めた質問の回答しか得られない、対象者が自覚していない潜在意識は回答できないことから、想定外の発見は得られにくい点に注意が必要です。

　一方、定性調査は「消費者の行動の背景や気持ちを「言葉」で分析する調査」です。モデレーターの質問に口頭で答える形式が多く、仮説の発見・構築に活用されます。1回当たりの対象人数の違いで、グループインタビューやデプスインタビューがあります。グループインタビューは、1回当たり5〜6人を対象に実施し、消費行動や嗜好、リアクションなどのパターンを手早く収集するのに適しています。デプスインタビューは、1回当たり1人を対象に実施し、他人がいると発言しにくい内容、カスタマージャーニーなどの行動の流れ・心情などを深く理解することに適しています。

● 定性調査を実施したら、定量調査で量的に検証することを忘れない

　新型コロナウイルス感染症拡大を契機に、オンラインデプスインタビュー（ODI）が増えています。ODIは、従来の時間的・地理的制約を解消し、対象者が自宅でリラックスして話すことができる有効な手法です。

　ただし、定性調査を実施したら、定量調査で量的に検証することが必要です。インタビューは条件を絞った対象者に、普段と異なる限られた空間で、普段意識していないことを深掘りしていきます。また、インタビューの冒頭に、企業関係者が別室で聞いていること、インタビューを録画することなどが伝えられます。そのため、対象者は「何か発言しなくては」「本当はそこまで良いと思っていないけど、いい感じに話しておこう」など、忖度する可能性があります。ただし、これらの点を考慮しても、定性調査を実施する価値

は十分あります。定性調査で仮説立案のヒントを得て、定量調査で量的に確認するステップは、マーケティングリサーチの王道です（図1.3.4）。

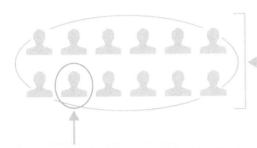

多くの人に質問して、「数字」で結果を分析

定量調査

アンケートで回答。「仮説の検証」に使われる

＜主な調査方法＞
・インターネット調査
・訪問調査　・郵送調査
・電話調査　・会場調査（CLT）
・ホームユーステスト（HUT）

深掘りしたい人に聞いて「言葉」で結果を分析

定性調査

モデレーターの質問に、口頭で回答。「仮説の発見・構築」に使われる

＜主な調査方法＞
・グループインタビュー
・デプスインタビュー
・家庭訪問
・行動観察

▶ 図1.3.3　定量調査と定性調査

この新商品が発売されたら買いたいですか？

（あまり魅力を感じないけど、関係者が聞いてると思うから）おそらく買うと思います

この新商品を発売しよう！

定性調査で定量的な判断はしない。
仮説を作る・磨くためのヒントを得ることに留めておくべきである

▶ 図1.3.4　定性調査の留意点

「定量調査」と「定性調査」は組み合わせて活用する

　マーケティング課題の解決には、「定量調査」と「定性調査」を組み合わせて活用することが重要です。図1.3.5に、定量調査と定性調査の組み合わせパターンを掲載しています。

　パターン1（定性→定量調査）は、定量調査を実施する前に、対象者の理解促進、定量調査の視点・選択肢検討を目的とした定性調査を実施し、その後、定量調査を実施するものです。その領域で初めて定量調査を実施するときは、事前に定性調査を実施することをお勧めします。なお、インターネット調査が手軽に実施できる現在では、定性調査以外の手段で代替できる方法もあります（4.7参照）。

　パターン2（定量→定性調査）は、定量調査を実施した後に、特定の対象者を対象に、ある行動や態度を取った背景・文脈の理解を目的とした定性調査を実施するものです。自社利用者／競合利用者／使用中止者などのグループに分け、認知→興味→トライアル→リピートの状況・背景を聴くことで、定量調査の結果の理解を促進する活用が代表例です。

● マーケティングリサーチは「問題解決ステップと親和性が高い」

　ビジネスは問題解決の連続と言われます。問題解決ステップは「問題の特定（WHERE）→原因の深掘り（WHY）→打ち手の考察（HOW）」から構成されます。各ステップにおいて、顧客の評価や反応を把握するシーンが多く発生するため、問題解決ステップとリサーチは親和性が高いです。

　図1.3.6に、問題解決ステップごとに適したリサーチ手法を掲載しています。最初に、問題が発生している層の特定と大まかな原因の把握を目的に「定量調査」を実施します。その後、詳細な原因の深掘りと打ち手の方向性を検討するための「定性調査」を実施します。ここでは、どのような背景から原因が生じているかを理解するとともに、施策案をコンセプトボードなどで提示し、打ち手候補に対する反応・心を動かすトリガーを確認します。

　打ち手の候補が絞られた後は、打ち手の反応を量的に確認する「定量調査」を実施します。アンケートでコンセプト（施策案）を提示し、問題が発生している層がコンセプトに反応を示すかを検証していきます。

	仮説の 発見・構築	仮説の 量的検証	背景・文脈の 理解
① ・仮説を立てたい、着想を得たい ・コンセプトを評価・修正したい 　その後、量的に検証したい	定性調査	定量調査	
② ・行動や態度の傾向は理解したが、 　その背景や文脈を理解したい		定量調査	定性調査
③ ・上記の組み合わせ	定性調査	定量調査	定性調査

▶ 図1.3.5　**定量調査と定性調査の組み合わせパターン**

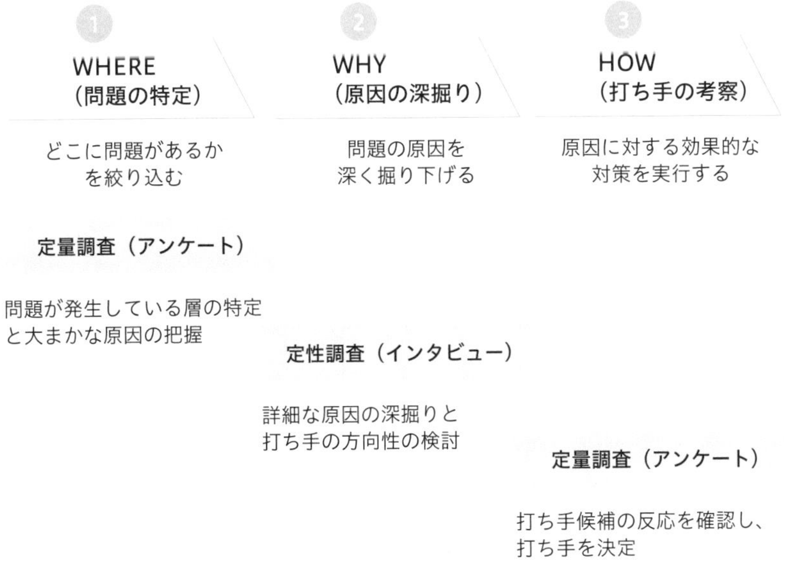

① WHERE（問題の特定）　**② WHY（原因の深掘り）**　**③ HOW（打ち手の考察）**

どこに問題があるか　問題の原因を　原因に対する効果的な
を絞り込む　深く掘り下げる　対策を実行する

定量調査（アンケート）

問題が発生している層の特定
と大まかな原因の把握

定性調査（インタビュー）

詳細な原因の深掘りと
打ち手の方向性の検討

定量調査（アンケート）

打ち手候補の反応を確認し、
打ち手を決定

▶ 図1.3.6　**問題解決ステップとリサーチ手法**

●「1,000人の数値データ」よりも「1人の消費者」?

定量調査を実施し、調査結果を関係者に報告すると「所詮、アンケートで聞いただけでしょ」と、あまり興味を持たれないケースがあります。定量調査の結果は無機質に感じられるようです。

その際は、定性調査をもとに1人の実在する顧客像(ペルソナ)やカスタマージャーニーを作成し、定量調査と定性調査を組み合わせて報告することをお勧めします。

一般的に、ビジネスにおいて顧客との接点量が多くない場合、自らの限られた経験や空想から顧客像を思い描くため、抽象的な顧客像になりやすいです。その立場の人からすると、1人の実在する顧客像が掲載されているレポートに興味を持たないはずがありません。社内関係者への共有・活用促進の観点からも、定量調査と定性調査を組み合わせることが重要です(図1.3.7)。

● なぜ、「マーケティングリサーチ不要論」が叫ばれるのか?

ここまで、定量調査と定性調査の重要性を説明してきました。一方で、マーケティングリサーチ不要論が叫ばれることがあります。その理由として、「アンケートは過去のデータであり、未来のことはわからない」「消費者に何が欲しいかを聞いても、発見が得られない」などが挙げられます。

スティーブ・ジョブズが残した「消費者に、何が欲しいかを聞いてそれを与えるだけではいけない。製品をデザインするのはとても難しい。多くの場合、人は形にして見せてもらうまで自分は何が欲しいのか、わからないものだ」の言葉がよく引用されます。

本当に、マーケティングリサーチは不要なのでしょうか? 図1.3.8に、マーケティングリサーチの活用シーンを掲載しています。このうち、「現状を把握する」調査に終始する場合は不要論が語られやすくなります。一方、「新しい着想を得る」「仮説を検証する」目的で調査を実施すると、過去ではなく未来に向けた示唆が多く得られます。

上記に加えて、マーケティングリサーチ不要論で登場する企業や人物は、顧客接点が豊富である、もしくは自身がロイヤル顧客であるケースが多いです。身をもって定性調査を実施しているため、マーケティングリサーチを実

施しなくても感覚がわかるのです。

　結論として、調査の使い方が良くない（使いこなせていない）か、深い顧客理解ができていることがマーケティングリサーチ不要論につながっているのです。次章より、定量調査（Webアンケート）を正しく使いこなすための方法論を習得していきましょう。

定量調査	定性調査

● 全体の傾向を把握できる ● 無機質に感じられやすい	● 顧客のイメージが湧きやすい ● 全体傾向と一致しないことがある

定量調査と定性調査を組み合わせることで、
社内関係者に興味を持たせる・活用しやすいようにする

▶ 図1.3.7 　「1,000人の数値データ」と「1人の消費者」を使いこなす

❶ 現状を把握する	❷ 新しい着想を得る	❸ 仮説を検証する	❹ 成果を検証する
定量調査	定性調査	定量調査	定量調査
物事を考え始める出発点として、現状を正確に測定する	自分の仮説を広げる、インスピレーションを得る	考えた戦略が筋が良いかを判断し、戦略・戦術を精緻化する	実行した戦略・戦術の成果を確認して、改善点を見つける
仮説を広げる		仮説を絞る	成果を検証する

▶ 図1.3.8 　マーケティングリサーチの活用シーン

「もう二度と聞きたくない」。
筆者の行動を変えた強烈な経験

筆者が、マーケティングリサーチ業界に転職し、数年経過したときのエピソードです。当時、体調を崩していたこともあり、他のリサーチャー（クライアントの課題をもとに、リサーチ設計・調査票作成・レポーティングを担当する職種）が対応した案件を監修する機会がありました。

そのリサーチャーとクライアントとのやり取りは滞りなく進んでいましたが、事件は報告会で起きました。リサーチャーが調査結果を報告した後、クライアントから「調査結果は全て普通ですよね。で、私はどうしたらいいのですか？」との指摘を受けました。

筆者もリサーチャーとして案件対応してきましたが、そのような言葉を言われた経験がなく、大きなショックを受けました。駅までの帰り道、「もう二度と、あんな言葉は聞きたくない」と涙をこらえて歩いたことを今でも鮮明に覚えています。

「終わりから始める」「クライアントを意思決定に巻き込む」

上記の体験後、筆者が意識して実践したのは、(1) 終わりから始める、(2) クライアントを意思決定に巻き込む、の2点でした。

前者は、「調査で何がわかったら嬉しいのか」をより強く意識し、それが口癖になりました。特に、クライアントが調査結果を活用するときに「上長や同僚からどのような反論を受けるか」を先回りして考え、リサーチ企画／アウトプットイメージを提案するようになりました。

後者は、リサーチャーとクライアントのやり取りがスムーズだった原因を分析してたどり着いたことです。クライアントは、リサーチ経験が豊富でなく、理解できていなかった（言語化できなかった）ため、質問できなかったのではないか？との仮説を立てました。

その後の案件では、クライアントの課題を聞きながら、「リサーチ企画とアウトプットイメージ」を2案提示し、どちらの案にイメージが近いですか？選んだほうのアウトプットイメージで十分ですか？もう少し知りたい部分はないですか？などを聞くスタイルに変更しました。人はアウトプットを見せられることで理解が促進され、主体的に意思決定できるのです。

これらを通じて、従来よりもスムーズに案件対応が進んだだけでなく、筆者への信頼度が大きく上昇したのを実感しました。

第2章

Webアンケートの
実施ステップ

現在は、調査会社が提供するインターネット調査、GoogleやMicrosoftなどのプラットフォーマーが提供するアンケート機能など、Webアンケートが手軽に実施できる時代になっています。手軽に実施できる一方で、上手く活用できていない状況も見られます。第2章では、リサーチ初心者が陥りやすいミスを取り上げ、Webアンケートの実施ステップを説明していきます。また、第3章以降に向けて、インターネット調査の仕組み・特長、留意点を理解しておきましょう。

Webアンケートが
手軽に実施できる時代に

定量調査は「インターネット調査」が主流に

　インターネットが普及し始めた2000年、オンライン・マーケティング・リサーチ専業企業として、マクロミルは創業しました。インターネット調査の登場は、訪問調査や郵送調査が主流であったマーケティングリサーチ市場に大きな変化をもたらしました。

　図2.1.1に、日本マーケティング・リサーチ協会（JMRA）が毎年公表している『経営業務実態調査』[*1]から、アドホック調査を100%とした場合の調査手法別売上高構成比を示しています。訪問調査、郵送調査、インターネット調査、定性調査のみ掲載しています。

　インターネット調査は、2004年に郵送調査、2005年に訪問調査のシェアを抜き去り、2022年は55%に達しています。リーマンショック等による一時的な落ち込みはありますが、マーケティングリサーチの市場規模は拡大しており、インターネット調査がリサーチの裾野を広げた原動力になっています。また、定性調査も着実にシェアが増加しています。日本のマーケティングリサーチは、インターネット調査と定性調査に収斂されています。

アンケート画面が手軽に作成できる時代が到来

　ゼロ・パーティー・データ取得の一環として、自社商品・サービス利用者や自社会員を対象に、アンケートを実施することがあります。調査会社はこのニーズに対応すべく、アンケートASPを提供しています。マクロミルが提供するアンケートASP『Questant』[*2]では、主要テーマのアンケートのテンプレートを無料公開しています（図2.1.2）。

　上記に加えて、GoogleやMicrosoftなどのプラットフォーマーもアンケート機能を提供しています。Microsoftのアンケート機能「Microsoft Forms」はMicrosoft Teamsと連携しやすく、タブを切り替えるだけで、アンケート結果を閲覧することができます。また、設定次第で回答者の識別が

自動的に可能であり、アンケート以外のデータとの紐づけも容易になっています。Webアンケートが手軽に実施できる環境が整備されています。

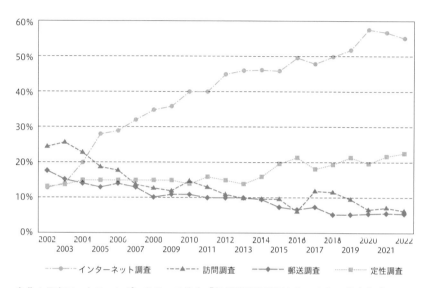

出典：日本マーケティング・リサーチ協会『経営業務実態調査』*1より、著者作成

▶ 図2.1.1　日本のアドホック調査　調査手法別売上高構成比

【利用者アンケートのサンプル】
- Q1. あなたは、{サービス名}を何から見聞きして知りましたか。
- Q2. {サービス名}を利用したのは何回目ですか。
- Q3. {サービス名}をどのくらいの頻度で利用していますか。
- Q4. {サービス名}を利用した理由をすべてお知らせください。
- Q5. {サービス名}に対して、総合的にどのくらい満足していますか。
- Q6. {サービス名}に対して前問のように回答した理由をお書きください。
- Q7. {サービス名}の以下の点に対して、どのくらい満足していますか。それぞれお知らせください。
- Q8. {サービス名}に対してご意見・ご要望がございましたら、ご自由にお書きください。

出典：マクロミル「Questant（クエスタント）」*2

▶ 図2.1.2　マクロミル「Questant」が提供するテンプレート（一部）

Webアンケートは
簡単に見えて、奥が深い

リサーチ初心者が陥りがちなミスとは？

　Webアンケートの敷居が低くなり、「アンケートは簡単」というイメージが広がりました。読者の中にも、役職者や同僚から「アンケートを作っておいて」と指示された経験がある方も多いと思います。

　筆者がインターネット調査に携わり始めた2000年代前半は、事業会社の調査部、広告代理店のリサーチ経験のあるプランナー、調査会社からの調査依頼が中心でした。現在は、リサーチ初心者もWebアンケートを活用しています。その結果、自己流でアンケートを作成・集計・分析する人が増加し、筆者から見ると「もったいない」と感じるシーンが多くなりました。

　本節では、リサーチ初心者が陥りがちなミスを6つ取り上げたいと思います（図2.2.1）。

●「何を決めるか」を具体化せず、Webアンケートを実施して後悔する

　マーケティングリサーチの出発点として実施されることが多いのが「現状を把握する」リサーチです。「実態がよくわかっていない」という理由からリサーチを企画し、簡単に実施できるWebアンケートが選ばれます。

　その際、リサーチ企画書を拝見すると、調査目的が「〇〇の基礎資料とする」と記載されていることが多いです。何もわかっていないのでアンケートをしたい気持ちはわかります。ただし、最初のタイミングで、調査結果から「誰が、いつ、どこで、どのような目的で活用し、何を決めたいのか？」を具体化しておく必要があります。

　目的が不明確な場合、アンケートはありきたりな一般論に終始しがちです。調査結果の大半が想定内になり、報告会で「で、どうしたらいいの？」「結果はわかるが、新しい発見がない。調査した意味あったの？」という厳しい言葉が並ぶ可能性が高まります。何もわかっていないならば、事前に定性調査を実施し、検証すべき仮説を立案してからWebアンケートを実施した

ほうが効果は高いです。目的を明確にせず、Webアンケートを実施すると失敗する確率が高まります。

① 「何を決めるか」を具体化せず、Webアンケートを実施して後悔する

② 「アンケートすれば、何でも答えが得られる」と錯覚してしまう

③ 「短すぎる質問文」「足りない選択肢」で、結果の信憑性が下がる

④ 集計時に、「クロス軸に必要な項目が抜けていた」と後悔する

⑤ クロス集計したら、「サンプルサイズが全然足りない」と後悔する

⑥ 全体集計だけで、「当たり前の結果で使えない」と判断してしまう

▶ 図 2.2.1　リサーチ初心者が陥りがちなミス

よくわかっていないからアンケートで実態を把握しよう！

想定内の調査結果の連続…

今回の結果からは〇〇の結果となっています！

全て当たり前だな。
で、どうしたらいいの？
調査した意味あったの？

▶ 図 2.2.2　目的が不明確な場合の「よくある流れ」

「アンケートを実施すれば、何でも答えが得られる」と錯覚してしまう

調査依頼者が作成した調査票を拝見すると、「気持ちはすごくわかるけど、有益な回答が得られないのでは？」と感じる質問に出会います。その質問は、3つのパターンに分類できます（図2.2.3）。

1つ目は、自社利用者に直接的な答えを求めすぎる質問です。自由回答形式で「○○をもっと使ってもらうには、何を改善したらいいですか？」「どんな商品が欲しいですか？」などの質問が代表例です。よほどのロイヤル顧客でない限り、その領域のプロである調査依頼者が期待する回答は出てきません。この場合は、商品コンセプトや改善点などを提示して反応を確認することが必要です。

2つ目は、経験していない人に将来のことを聞く質問です。ある商品の購入意向がある方に「○○の購入を決めるのに、どのくらいの検討期間が必要ですか？」などと聴取する質問です。回答者は「そんなのわからない」と思いながらも、インターネット調査は回答が必須と設定されていることが多く、適当に回答することになります。

3つ目は、現在から遠すぎて回答できない質問です。「あなたは10年後、何をしていると思いますか？」「2週間前に食べた朝食は何でしたか？」などの質問です。筆者が「ご自身でしたら、どのように答えるのですか？」と調査依頼者に質問すると、答えに窮することが多いです。

調査依頼者が回答できないことでも、アンケート回答者は完璧に答えられるという錯覚をしがちなのです。

「短すぎる質問文」「足りない選択肢」で、結果の信憑性が下がる

調査票を作成した経験が少ない方から「伝わりやすい質問文、網羅性の高い選択肢を作るのが難しい」と伺うことが多いです。リサーチ初心者が陥りがちなのが「短すぎる質問文」と「足りない選択肢」です（図2.2.4）。

短すぎる質問文とは、「あなたが○○を買った理由は？」などが代表例です。選択肢から1つ選ぶのか、あてはまるものをすべて選ぶのか、人によって解釈が異なります。その結果、回答にバラツキが生じます。

足りない選択肢とは、自分が思い浮かんだ選択肢だけを並べている場合です。回答者が「あてはまる選択肢がない」と感じたとき、「その他」を選ん

で、その内容を書いてくれる人がいる一方で、その他の内容を書くのが面倒で、選択肢の中から適当に選ぶ人も一定数存在します。このような調査結果をもとに意思決定することはリスクが高いです。

1

自社利用者に直接的な答えを求めすぎてしまう

（自由回答形式で）
- 自社商品をもっと使ってもらうには、何を改善したらいいですか？
- どんな商品が欲しいですか？

2

経験していない人に将来のことを聞く

（〇〇商品を購入したことがない人に）
- 〇〇の購入を決めるのに、どのくらいの検討期間が必要ですか？
- あなたにとって、〇〇はどのような存在ですか？

3

現在から遠すぎて回答できないことを聞く

- あなたは10年後、何をしていると思いますか？
- 2週間前に食べた朝食は何でしたか？

▶ 図2.2.3　アンケート回答者が回答しにくい質問パターン

Q. あなたが〇〇を買った理由は？

1. 有名なブランドだったから
2. 機能が充実していたから
3. 価格が手ごろだったから
4. 店員がお薦めしていたから
5. キャンペーンをやっていたから
6. 口コミが良かったから
7. その他（具体的には　　　）

- 選択肢は1つ選ぶの？あてはまるものをすべて選ぶの？
- 「デザインが好きだった」が理由だけど、選択肢がないな。自分は例外なの？
- 「その他」に入力するのが面倒。「有名なブランドだったから」にチェックしておこう

▶ 図2.2.4　「短すぎる質問文」「足りない選択肢」が結果の信憑性を下げる

集計時に、「クロス軸に必要な項目が抜けていた」と後悔する

　リサーチ初心者の人は、クロス軸（集計軸）まで意識せずに（気づかずに）調査票を作成し、集計の段階で必要な調査項目が抜けていたことに気づくことが多いです。

　コンビニの利用実態を把握する例で説明します。セブン-イレブン、ローソン、ファミリーマート利用者の特徴を分析するため、「普段利用しているコンビニ」を複数回答（MA：Multiple Answer）で聴取したとします。多くの人がこの3社を併用している場合、各コンビニ利用者の特徴は同じ傾向になります。この場合は、最も利用しているコンビニを単一回答（SA：Single Answer）で聴取しておくと、最悪の事態を回避できます。

クロス集計したら、「サンプルサイズが全然足りない」と後悔する

　クロス集計を実施したとき、優先度の高いクロス軸（集計軸）のサンプルサイズが小さく参考値になってしまったという声を聞くことがあります。

　例えば、自社商品利用者100ssを、ヘビー層／ミドル層／ライト層別にクロス集計したとします。仮に、ヘビー層が10％の場合は10ssになります。この場合、1人の回答が10ptの影響力を持ち、数字の振れ幅が大きくなり、集計結果は参考値になります。もし、自社商品のヘビー層で分析することの優先度が高い場合、このアンケートは失敗です。これらは調査企画の段階で検討しておくべき事項です（図2.2.5）。

全体集計だけで、「当たり前の結果で使えない」と判断してしまう

　定量調査は「仮説の検証」に活用されます。そのため、アンケート回答者全員の結果である全体集計の大半が、想定通りの結果になります。

　例えば、自社商品の認知・未購買顧客に、自社商品を購入しなかった理由を聴取したところ、「価格が高い」がトップだったとします。このとき、「それは事前に知っていた。値下げはできないから、調査結果は使えない」と判断してしまうケースがあります。もし、認知・未購買顧客を非検討者と検討者に分けて集計して、非検討者は「価格が高い」、検討者は「（主要機能の）機能Aに魅力を感じなかった」が最も高い場合は、ネクストアクションが変わってきます（図2.2.6）。定量調査は「当然の結果が出てくる。そこからの

クロス集計が本当のデータ分析である」ということを理解しておかないと、せっかくのアンケートも価値がなくなってしまいます。

　Webアンケートには、リサーチ初心者が陥りがちな罠がたくさんあります。これらの罠が、「調査をやっても成功率が高まらない」理由になっています。

自社商品利用者を
ヘビー層／ミドル層／ライト層に
分けて分析しよう！

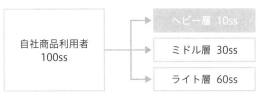

自社商品利用者
100ss

ヘビー層　10ss
ミドル層　30ss
ライト層　60ss

ヘビー層が10ssで参考値だ……
ヘビー層に支持される要素
（ロイヤルティ要素）を
知りたかったのに…

▶ 図2.2.5　クロス集計したら「サンプルサイズが全然足りない」と後悔する

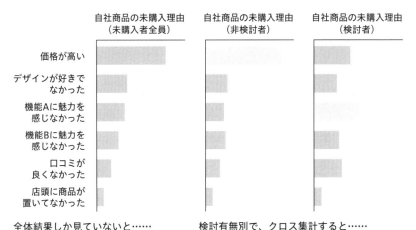

自社商品の未購入理由
（未購入者全員）

自社商品の未購入理由
（非検討者）

自社商品の未購入理由
（検討者）

価格が高い
デザインが好きで
なかった
機能Aに魅力を
感じなかった
機能Bに魅力を
感じなかった
口コミが
良くなかった
店頭に商品が
置いてなかった

全体結果しか見ていないと……

値下げはできない
からどうしようも
ないな

検討有無別で、クロス集計すると……

検討者には、主要機能の機能Aに
魅力を感じなかったのか。
何が原因なのか、深掘りしよう！

▶ 図2.2.6　クロス集計による深掘りが本当のデータ分析

37

Webアンケートの
実施ステップ

Webアンケートの実施ステップを理解する

　前節で取り上げたミスを回避するためにも、Webアンケートの実施ステップを理解しましょう。図2.3.1に、Webアンケートの実施ステップを掲載しています。

　本節以降、「調査会社のモニタ（アンケート会員）を使ったインターネット調査」を前提に説明していきます。自社会員やサイト訪問者などに直接調査する場合も、基本的な考え方は同じになります。

● 出発点は「リサーチで明らかにすること」を具体化する

　最初のステップは、マーケティング課題を整理し、リサーチで解決できる（わかる）領域とリサーチしても解決できない（わからない）領域に切り分けます。リサーチでわかる領域を特定した後は、調査背景と調査目的の違いを理解しながら、リサーチ課題を具体化します。リサーチ課題の分解の精度が、マーケティングリサーチの成否に大きく影響します。

● リサーチ課題を解決できる「リサーチ企画」に落とし込む

　リサーチ課題を明確にした後は、その課題を検証できる調査対象者の設定、割付とサンプルサイズ、調査項目などを検討します。そして、これらをリサーチ企画書として仕上げていきます。このタイミングで、調査項目が思うように浮かばない場合は、対象者の理解を深める目的で、定性調査の実施を検討します。

● 回答者が「誤解しない調査票」を作成して、アンケートを実施する

　リサーチ企画で検討した調査項目をもとに、調査票を作成します。調査票の作成はブラックボックス化しやすい領域ですが、調査目的や調査仮説を調査項目に分解する、調査項目の流れを考える、回答者が誤解しない質問文と

選択肢を作成するなど、ある程度パターン化することができます。

調査票を作成した後は、Web調査画面を作成します。そして、スクリーニング調査、本調査を実施し、設定したサンプルサイズを回収します。

● アンケート結果を「集計・分析」し、「リサーチ課題に結論」を出す

アンケートを実施した後は、全体集計・クロス集計をもとに、集計結果を読み込みます。最後に「で、どうしたらいいの？」という結末にならないよう、クロス集計を中心にデータを丹念に読み込むことが重要です。リサーチ課題に結論を出し、ネクストアクションを検討するまでをワンセットにしましょう。最後に、社内関係者に共有するため、レポートを作成し、必要に応じてプレゼンを実施します。

実施ステップ	詳細
【STEP1】 リサーチを企画する	マーケティング課題を整理する リサーチ課題を明確化する リサーチ企画書を作成する
【STEP2】 調査票を作成する	調査票を作成する プレテストを実施する
【STEP3】 実査をする	Web調査画面を作成する スクリーニング調査・本調査を実施する
【STEP4】 集計・分析する	全体集計・クロス集計をする 分析・レポートを作成する

▶ 図2.3.1 Webアンケートの実施ステップ

39

Webアンケートの成否の7～8割は
「リサーチ企画」が握る

　筆者の実務経験から、Webアンケートの成否の7～8割は「リサーチを企画する（マーケティング課題の整理、リサーチ課題の明確化、リサーチ企画書の作成）」の段階で決まると断言できます。

　実は、筆者も駆け出しの頃、リサーチ課題の重要性を理解できていませんでした。目的が不明確な状態でインターネット調査を実施し、レポートを作成する中で、違和感を持ち続けた時期がありました。

　試行錯誤を続ける中、「最初の課題設定が甘いから、その後の流れも良くないのではないか？」ということに気づきました。これが筆者の大きな転機でした。それからは「この調査で、何がわかれば成功ですか？　嬉しいですか？」と問いかけることが口癖になりました。その結果、リサーチ企画～調査票作成～集計・分析のプロセスが、まるで流れ作業のようにスムーズになりました。

◉ 調査票を作成する前に「考え抜く」ことを忘れない

　統計学の有名な言葉に「GIGO（Garbage In Garbage Out）」があります。ゴミを入れれば、ゴミが出てくるという意味です。インプットするデータがゴミならば、どんなに素晴らしい解析をしても、出てくる結果はゴミになります。これはマーケティングリサーチの世界でもあてはまります。リサーチ企画で間違えると、後工程で取り返しがつかなくなります。

　リサーチ課題が曖昧なまま進行すると、調査項目の抜け漏れが生じる可能性が高まるだけでなく、集計データの海に溺れることになります。本調査で20～30問聴取したのに、データ分析に活用したのは半分程度ということになりかねません。このようなケースは案外多いです。

　調査対象者の詰めが甘いと、本来の分析対象者以外の回答者が含まれてしまい、調査結果の信憑性が下がります。具体的には、集計・分析の段階で、「その他」の割合が高いことに気づき、「その他」の自由記述欄を確認したところ、「購入していないのでわからない」といった分析対象外の回答が含まれていることがあります。リサーチ企画がリサーチの成否を決める。これだけは絶対に覚えておきましょう。

実施ステップ

【STEP1】
リサーチを企画する

このブロックが、Webアンケートの成否の7〜8割を決める

【STEP2】
調査票を作成する

リサーチ企画が上手に立案できると、
この後の作業が流れ作業になる錯覚を覚える

【STEP3】
実査をする

【STEP4】
集計・分析する

ここから頑張っても、後の祭りになりやすい

▶ 図 2.3.2　リサーチ企画がその後の成否を決める

【インプット】　　　　　　　　　　　　　　　　【アウトプット】

分析・モデリング

データ　　　　　　　　　　　　　　　　　グラフ・メッセージ

インプットするデータがゴミならば、
どんなに素晴らしい解析をしても、
出てくる結果はゴミになる

▶ 図 2.3.3　GIGO（Garbage In Garbage Out）

2.4 インターネット調査の仕組み・特長

対象者をスクリーニングできるインターネット調査

図2.4.1に、調査会社が提供するインターネット調査の仕組みを掲載しています。インターネット調査は、調査会社が保有するモニタを対象に、スクリーニング調査と本調査を実施する流れが一般的です。

調査会社は、アフィリエイトやポイントサイト、金融機関・家電量販店・通信キャリアなどとの連携を通じて、アンケートに回答することを許諾したモニタを集めています。

実際の調査は、スクリーニング調査と本調査に分かれます。スクリーニング調査は本調査対象者を抽出するための事前調査で、3～10問程度で実施することが多いです。また、スクリーニング調査は、市場規模などの市場構造の把握にも活用されています（3.6参照）。本調査は、スクリーニング調査をもとに抽出した数百人～数千人を対象に、20～30問程度で実施することが多いです。

アンケートに回答したモニタは、設問ボリュームに応じたポイントを付与され、銀行振り込みによる換金、商品との交換、提携ポイントへの移行、人道機関や基金への寄付などの使い道があります。

インターネット調査の特長は「対象者の条件設定」「レアサンプル確保」

インターネット調査は、訪問調査や郵送調査よりも費用が安く、スケジュールが短い点が最大の特長です。リサーチ企画の立案から集計結果の納品まで1カ月～2カ月で完了することが多いです。費用も従来の10分の1ぐらいで実施することができます。調査期間が短縮されることで、タイムリーな状況確認が可能となりました。新商品の上市直後の製品追跡調査、顧客満足度調査などが多く実施されています。

インターネット調査は、スクリーニング調査と本調査を分けることで、「希望する調査対象者を一定数確保しやすい」「出現率が低いレアサンプルを確

保しやすい」といった点も大きな特長です。対象者のサンプルサイズが増えることで、多様な分析が実施できるようになりました。

 事前調査
（スクリーニング調査）

 本調査対象者
の抽出

 本調査

- 本調査対象者の抽出が目的の調査
- 数万〜10万人を対象に、3〜10問での実施が多い

- 本調査対象者の抽出

- リサーチ目的を達成するための本調査
- 数百〜数千人を対象に、20〜30問での実施が多い

▶ 図2.4.1　インターネット調査の仕組み（調査会社のモニタを使う場合）

事前調査
（スクリーニング調査）

本調査

（1）自社利用者とベンチマーク企業利用者を同じサンプルサイズで確保

割付	サンプルサイズ
自社利用者	400ss
競合A利用者	400ss
競合B利用者	400ss
競合C利用者	400ss

10万ss回収

（2）自社利用者の顧客ピラミッドで割付を設定

割付	サンプルサイズ
ロイヤル顧客	150ss
一般顧客	150ss
離反顧客	150ss
認知・未購買顧客	150ss

▶ 図2.4.2　インターネット調査は「目的に応じた割付設定」が可能

プログラミングによるストレスが少ない回答環境、データ入力の効率化

インターネット調査は、プログラミングにより各設問の回答対象者を絞り込むことができます（図2.4.3）。「知っている」と答えたブランドだけが表示されて、そのブランドのイメージを回答するなどが代表例です。

設問だけでなく、選択肢もコントロールすることが可能です。「商品を購入する際の重視点」の選択肢をすべて回答した後に、選んだ選択肢の中から最も重視する選択肢を選ぶ、といった絞り込みが可能です。回答者は、自分の回答結果に応じた設問・選択肢が表示されるため、少ないストレスでアンケートに回答することができます。また、選択肢のランダマイズ機能を設定することで、選択肢の提示順によるバイアスを均等化することも可能です。上記の結果、設問の流れのコントロール、記入モレ・矛盾回答の排除などが容易になりました。

上記に加えて、インターネット調査は、調査データがExcelで自動出力されます。訪問調査や郵送調査で工数がかかっていたデータ入力・チェック工程が低減したことで、スケジュールの大幅な短縮が実現されました。

調査会社が提供する「集計ツール」で簡単に集計できる

インターネット調査は、集計・分析工程にも大きな変化をもたらしました。主要な調査会社は、調査データを簡単に取り込むことができ、データ加工・集計することができる「無料集計ソフト」を提供しています。インターネット調査が普及する以前は、調査データの集計は「秀吉」「EXCELアンケート太閤」「ASSUM（アッサム）」と呼ばれる集計ソフトが利用されていました。これらの集計ソフトは、一部の集計担当者が操作することが一般的でした。

調査会社が提供する無料集計ソフトは、シンプルなUI、ドラッグ＆ドロップによる集計設定をすることができます。集計ソフトによっては、ウェイトバック機能、検定機能も搭載されています（図2.4.4）。

無料集計ソフトの登場により、マーケティング担当者や広告代理店のプランナーなど、調査を主業務にしていない担当者が手軽に集計できるようになりました。担当者自身が集計ソフトで深掘りできることは、データ分析の高度化に大きく貢献しています。

【回答結果に応じた設問分岐】

Q1. あなたは、〇〇を購入したことがありますか？

1. 購入したことがある

2. 購入を検討したことはあるが、購入したことはない

3. 購入したことはない（検討したこともない）

Q2. あなたが〇〇を購入したきっかけをすべてお選びください。

Q3. あなたが〇〇の購入を検討したことがあるが、購入に至らなかった理由をすべてお選びください。

Q4. あなたは、今後、〇〇をどの程度購入したいと思いますか？

【選択肢の絞り込み】

Q1. あなたが、スキンケア商品を購入する際に、重視することをすべてお選びください。

1. 保湿効果が高い

2. 肌に刺激がない・肌にやさしい

3. 美白効果がある

4. 価格が手ごろである

5. 口コミの評価が高い

6. ……

Q2. あなたが、スキンケア商品を購入する際に、最も重視することを1つお選びください。

1. 保湿効果が高い

2. 価格が手ごろである

3. 口コミの評価が高い

▶ 図2.4.3　インターネット調査のプログラム設定

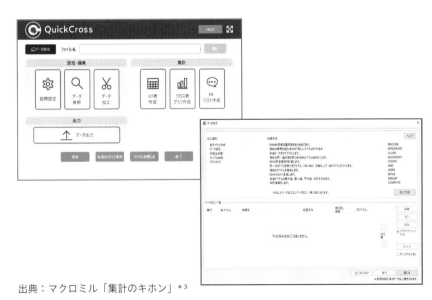

出典：マクロミル「集計のキホン」[3]

▶ 図2.4.4　マクロミルの無料集計ソフト「QuickCross（クイッククロス）」

インターネット調査の留意点

インターネット調査の「選択バイアス」に留意する

　インターネット調査にも留意すべき点があります。その代表が「選択バイアス（カバレッジ誤差）」です。調査会社のモニタは「インターネット利用者かつ、調査協力として登録している人」が母集団になっており、世の中の一般的な傾向と異なります（図2.5.1）。

　調査会社が保有するモニタは、インターネットのリテラシーが高く、高学歴の割合が高くなります。アンケートで情報収集源を聴取すると、インターネット関連が上位を占めることが多いです。

　では、インターネット調査は代表性がないため使えないかというと、そうではありません。2006年の住民基本台帳法の改正に伴い、住民基本台帳の閲覧が原則非公開になりました。また、代表性が高いと言われた訪問調査でも回収率が50％を下回る状況が見られ、本当に母集団を反映しているかが不明といった指摘もあります。そのため、母集団の違いを意識して数値を読むことが必要です。これは自社会員やサイト訪問者に調査するときもあてはまります。

「代表性」よりも「安定性」を意識することが大事

　代表性が高い調査の実施が難しく、どの調査手法でも「偏り」は避けられない現状においては、「代表性」よりも「安定性」を意識することが重要です。常に同じ「偏り方」であれば、過去の調査結果や競合との比較は可能になるからです。

　図2.5.2に、マクロミルが毎週水曜日に1,000名のマクロミルモニタを対象に実施しているMacromill Weekly Indexの「個人消費金額」と、総務省の家計調査の消費支出と比較したグラフ*4を掲載しています。個人消費金額と2人以上世帯の消費支出といった違いがありますが、同じ波形を辿っています。筆者の経験でも、世の中の変化と調査結果が連動していることが多い

です。そのため、調査対象者、調査会社をあまり変更せず、安定性を重視することが大事です。

✓ インターネット調査は「調査会社が保有するインターネット利用者＆調査協力として登録している人」が母集団になる。そのため「代表性がない」との指摘がある。

✓ インターネット調査のモニタ特性として、「ネットリテラシーが高く、高学歴の人が多い」「生活に不安・不満を感じる人が多い」などが挙げられる。

▶ 図2.5.1　インターネット調査の選択バイアス（カバレッジ誤差）

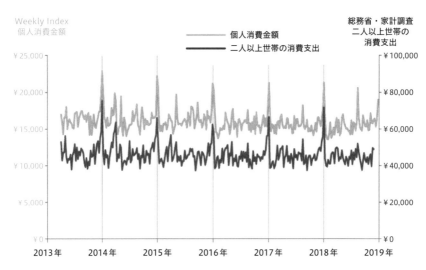

出典：マクロミル『時系列でみた消費者心理と消費者行動
　　　〜Macromill Weekly Index 300週の軌跡〜』*4

▶ 図2.5.2　個人消費金額と家計調査の消費支出との比較

● 匿名性による「なりすまし」の発生

インターネット調査は、調査員が自宅に訪問する訪問調査とは異なり、パソコンやスマートフォンでアンケートに回答する匿名性が強い調査手法です。また、スクリーニング調査よりも本調査のほうが獲得できるポイントが高いため、スクリーニング調査で実態と異なる回答をし、本調査対象者になろうとする「なりすまし」が発生する点に注意が必要です。

各調査会社は、モニタ品質の向上、なりすまし対策に取り組んでいますが、完全に排除することは困難です。筆者の感覚では、スクリーニング調査の回答者の3～4％程度がなりすましでは？ との認識を持っています（図2.5.3）。出現率が低い調査では、なりすましの影響が大きくなります。5.2で、なりすましが発生しやすいパターンを説明しています。調査会社に依頼しながら、本調査対象者から除外していくことが大事です。

● スマートフォンによる「ながら回答者」の増加

インターネット調査の回答端末は、時代とともに変わっています。従来はパソコンによる回答が中心でしたが、現在はスマートフォンによる回答が中心になっています。

スマートフォンによる回答が増えた結果、移動中などのながら回答者、隙間時間で回答する人の割合が増えています。スマートフォンの回答画面は、紙の調査票、パソコンの回答画面よりも画面サイズが小さく、一覧性に限界があります。必要な調査項目の精査、質問文や選択肢をシンプルに作成することの重要性が高まっています（図2.5.4）。

● 自己流でアンケート作成する人の増加

本章の2.1で説明したように、インターネット調査はマーケティングリサーチの裾野を広げました。その結果、自己流でアンケートの作成・集計・分析する人が増加し、2.2で取り上げたリサーチ初心者が陥りがちなミスが生じやすくなっています。

皆さんの時間と費用をかける以上、より効果的なWebアンケートを実施しましょう。第3章以降では、リサーチ企画の立て方、調査票の作成、集計・分析について、実務上のポイントを説明していきます。

Q1. あなたが、直近1年間に購入した
　　ことがあるものをすべてお選び
　　ください。

1. 自動車（ガソリン車）

2. 自動車（電気自動車）

3. 自転車（電動アシスト付）

4. 食器洗い機／乾燥機

5. 自動掃除機（ルンバなど）

6. 空気清浄機

7. ワインセラー・ワインクーラー

8. ノートパソコン

9. タブレット端末（iPad等）

10. どれも購入したことがない

【調査実施者】

一般的には、2〜3個の選択肢にチェックが付くかな。
8〜9個の選択肢をチェックする人はいないと思うな。

【ポイントゲッター】

本調査に回答できるとポイントがたくさんもらえる
から、選択肢1〜9にすべてチェックしておこう。

出現率が低い調査ほど、なりすましの影響が大きくなる。

▶ 図2.5.3　ポイントゲッターによる「なりすまし」

【パソコンによる回答を
意識したWeb調査画面】

【スマートフォンによる回答を
意識したWeb調査画面】

✓ スマートフォンでは、選択肢の一覧性が悪くなります。スクロールが発生する
ため、パソコンによる回答よりも回答時間が長くなる傾向があります。

✓ 必要な調査項目、シンプルな質問文や選択肢を心がけることが大事です。

出典：（4つの画面）マクロミル プレスルーム 2017年7月19日[5]
注：図の上下にあるテキストは著者によるもの

▶ 図2.5.4　パソコン仕様とスマートフォン仕様の調査画面比較

顧客は善意のウソをつく。
意識と行動のギャップを埋める

アンケートは、顧客の頭の中を理解する手段です。ただし、顧客は「善意の
ウソ」をつきます。その代表例が「新商品の購入意向」と「実際の購入率」
のギャップです。

10年以上前の話ですが、「今後3カ月以内に、家電製品を購入したい」と回
答した人に、3カ月後に、「直近3カ月以内に、購入した家電製品」を聴取し
たことがあります。製品で若干の差異はありましたが、実際に購入したのは
2割前半という結果でした。

別の事例では、商品・サービスの離反顧客に、アンケートで離反理由を聴取
すると、「価格が高いから」が上位になることが一般的です。ただし、デプ
スインタビューを実施すると、「商品の特徴が伝わっていなかった」「商品の
使い勝手・使用ステップの煩雑さ」のほうが影響しているといったケースが
普通にあります。

意識と行動のギャップを埋めた需要予測事例

これまでの実務経験から、筆者には「顧客の行動は、正しい計算式と正しい
数値があれば、ある程度は予測可能」「人間の心理はアンケートだけでは難
しい。定性調査で補完すべき」といった持論があります。

前者の行動予測（需要予測）において、印象に残っている事例を紹介します。
それは、「開発予定の商業施設に、大型のランドマーク施設を建設するにあ
たり、商業施設の初年度利用者数を予測してほしい」という案件でした。そ
の開発に投資すべきかを決めるにあたり、大手デベロッパーが公表している
初年度利用者数が本当なのかを検証したいといった案件でした。

そこで、リサーチを企画する際に、ランドマーク施設の利用意向だけでな
く、行動率への転換率、商業施設からの距離（利用確率は距離の2乗に反比
例する）、開業予定月などの変数をもとに予測式を作りました。そして、調
査結果をもとに、一切の手心を加えることなく、需要予測を算出しました。
その結果は、デベロッパーの公表数とは誤差率10％未満で、開業後の実績
とも大きくずれていませんでした。

別の案件でも、計算式をもとに分解し、2次データ、なりすましなどのデー
タクリーニングした数値を入力していくと、納得感がある需要予測（行動予
測）になることが多いです。

第3章

Webアンケートの
成否を握る
「リサーチ企画」の理解

第3章では、Webアンケートの出発点である「リサーチを企画する」を説明していきます。Webアンケートは「手段」です。手段を有効活用するためにもリサーチ企画の立案は重要です。特に、「リサーチ課題」「調査背景」「調査目的」「調査仮説」は、その後の流れを決める重要なポイントです。ただし、日本語の曖昧さもあり、正しく理解・活用できている人は少ないです。リサーチ企画のポイントを習得しましょう。

「リサーチを企画する」ステップの全体像

「リサーチを企画する」ステップの検討内容

　2.3において、Webアンケートの成否の7〜8割は「リサーチを企画する」段階で決まると説明しました。図3.1.1に、「リサーチを企画する」ステップで検討する流れ・項目を掲載しています。

●「リサーチ課題の明確化」がその後の方向性を決める

　リサーチを企画する最初のステップは「マーケティング課題の整理」です。Webアンケートを含むマーケティングリサーチは、マーケティング課題を解決するための具体的なアクションを決定するために実施されます。自社商品・サービスの売上改善において、「売上減少の要因を特定する」もしくは「売上改善策を立案する」のどちらをマーケティング課題に置くかで、リサーチの内容は大きく変わります。

　マーケティング課題を整理した後は、Webアンケートで解決できる領域を検討し、リサーチ課題を明確化します。リサーチ課題とは「リサーチを通じて何を明らかにすべきか」のことを言います。調査背景と調査目的をもとに、リサーチで明らかにすべきことを明確化し、調査仮説を通じてさらに分解していきます。リサーチ課題は、リサーチ企画だけでなく、調査票・集計・分析の方向性を決めるため、慎重に検討する必要があります。

● リサーチ課題が決まったら、逆算して「リサーチ企画書」を作成する

　リサーチ課題が決まった後は、その課題・仮説を検証できる「リサーチ企画書」（リサーチの実施計画書）を作成します。具体的には、調査対象者条件、割付とサンプルサイズ、調査項目、調査時期、調査費用などを検討します。リサーチ課題・仮説が明確になっていると、逆算してリサーチ企画を立てていくことができます。

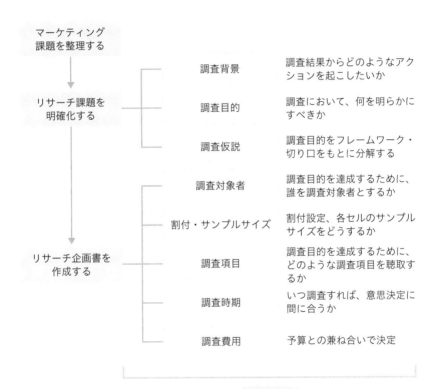

● **筆者が実務で活用している「リサーチ検討フレーム」を紹介**

　筆者は、長年、マクロミルでリサーチ企画の立案業務に携わってきました。その中で、リサーチの成否を左右するリサーチ論点を「リサーチ検討フレーム」として整理・活用してきました。3.5で本フレームを紹介し、リサーチの成功確率を高めるためのポイントを説明していきます。

上記の項目を検討していくと、リサーチ企画書
（リサーチの実施計画書）が完成します。

▶ 図 3.1.1 「リサーチを企画する」ステップの検討内容

マーケティング課題を整理する

大きなマーケティング課題は「分解する」

リサーチを企画する最初のステップは「マーケティング課題の整理」です。図3.2.1に、よくあるマーケティング課題を掲載しています。マーケティング課題には「商品・サービスの不満点を改善したい」「キャンペーンの効果を測定したい」といった明確な課題だけでなく、「売上不振の要因を特定したい」「今後のマーケティング戦略を立案したい」などの大きな課題があります。

大きなマーケティング課題の場合、そのままでは答えを出すことが難しいため、答えが出せるように分解していく必要があります。

マーケティング課題を分解して、リサーチできる領域を見極める

図3.2.2に、「自社ブランドの売上不振の要因を明らかにしたい」といったマーケティング課題を、3C（顧客、競合、自社）、PEST（政治的環境、経済的環境、社会的環境、技術的環境）を意識して分解した例を示しています。この中で、Webアンケートで解決できる領域を検討していきます。

上記の例では、「顧客の評価」はWebアンケートで解決できる領域ですが、「ライフスタイルの変化」はWebアンケートだと過去の事実を正確に答えられないため、信憑性が下がります。この場合は、政府統計データ、野村総合研究所の1万人アンケートなどの時系列調査、調査会社や民間企業が提供するマーケットレポート、POSデータなどの活用を検討します。

Webアンケートと他の調査・分析手法の併用も検討する

Webアンケートと他の調査・分析手法を併用することも重要です。サイトやアプリのUI/UXを調査する場合、Webアンケートでは「使いやすさ」「情報の見つけやすさ」などの評価は可能です。一方、開発者の意図と反する行動を取った背景を理解したいときは「定性調査（インタビュー）」、課題を体系的に洗い出したいときは「ヒューリスティック調査」が適しています。

マーケティングプロセス	よくあるマーケティング課題
市場環境分析 STP	✓ 自社商品・サービスの売上不振の要因を特定したい ✓ 市場構造を踏まえて、今後のマーケティング戦略を立案したい ✓ 新商品・サービスを検討するために、市場機会を発見したい ✓ 市場に受容される新商品・サービスを開発したい
マーケティング・ミックスの開発	✓ 検討している試作品が評価されるか確認したい ✓ 新商品・サービスの価値が伝わる広告を開発したい ✓ 新商品・サービスを市場に投入してよいか判断したい
商品・ブランドの評価・改善	✓ 自社商品・サービスの不満点を改善したい ✓ キャンペーンの効果を測定したい ✓ 競合やカテゴリー未利用者から新規顧客を獲得したい

▶ 図 3.2.1 　よくあるマーケティング課題

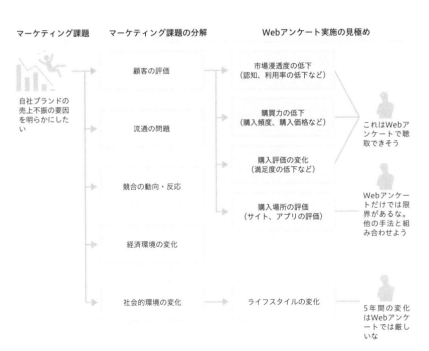

▶ 図 3.2.2 　Web アンケートで解決できる領域を見極める

第3章　Webアンケートの成否を握る「リサーチ企画」の理解

55

3.3 リサーチ課題を明確化する

「リサーチ課題の明確化」がリサーチの成否を握る

　マーケティング課題の整理を通じてWebアンケートで解決できる領域を見定めた後は、「リサーチ課題を明確化」するステップに入ります。このステップでは「調査背景」と「調査目的」の理解が重要です。

　ここで皆さんに質問します。「調査背景」という言葉を聞いて、どのようなことを思い浮かべますか？　筆者がリサーチ勉強会で質問すると、「調査を実施しようと思った背景のことですか？」「調査に至った経緯のことですか？」などの反応が大半です。調査依頼者が作成したRFPを見ると、上記の内容が書かれていることが多いです。ここに大きな落とし穴があります。

● 調査背景とは「調査結果からのどのようなアクションを起こしたいか」

　図3.3.1に、調査背景と調査目的、調査仮説の関係を示した図を掲載しています。ここで大事なことは、調査背景には「調査に至る経緯」と「調査結果の活用シーン」の2つが含まれていることです。一方、先ほどの質問の通り、多くの人が「調査背景＝調査に至る経緯」と連想し、「調査結果の活用シーン」が抜け落ちてしまう傾向があります。

　調査背景とは「調査結果からのどのようなアクションを起こしたいか」を考えることです。そのためには、調査を挟んだ「調査に至る経緯」と「調査結果の活用シーン」の2つを意識することがリサーチ成功のポイントです。

● 調査結果の活用シーンは「活用する場面」を意識する

　調査結果の活用シーンは、「誰が、いつ、どこで（どのシーンで）、どのような目的で、誰に報告して、何を判断したいか／明らかにするか」で考えます（図3.3.2）。例えば、商品のデザインでも、役員に「商品が想定の売上を下回っているのは、機能、価格、デザイン、広告などの中で、デザインが影響している」といったデザインの影響度を説明するシーンと、商品開発担当

者に「商品の〇〇の使い勝手が悪く、リピートにつながっていない」といったデザインの具体的な改善点を伝えるシーンでは、リサーチで深掘りする粒度が異なってきます。

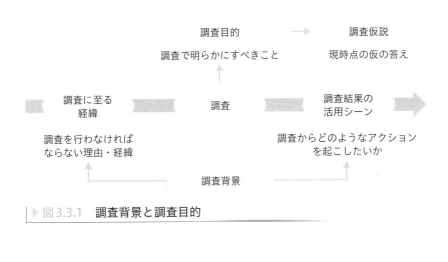

▶ 図3.3.1　調査背景と調査目的

| 活用シーンを
考える視点 | 「誰が」「いつ」「どこで（どのシーンで）」「どのような目的で」
「誰に報告して」「何を判断したいか／明らかにするか」 |

「商品のデザイン」でも……

【役員】

新商品の売れ行きが良くない要因はどこにあるのか？

機能、価格、デザイン、広告などの中で、デザインが影響している可能性が高いです。

【商品開発担当】

新商品には自信があったのに、なぜ売れ行きが良くないのか？

〇〇の使い勝手が悪く、リピートにつながっていないです。

活用場面を想定すると、リサーチ企画が立てやすくなる

▶ 図3.3.2　調査結果の活用シーンは「活用する場面」を意識する

● 調査結果の活用シーンは「疑問形」で考える

調査目的や調査結果の活用シーンに「○○の基礎資料とする」「○○の現状を把握する」といった文言が並ぶと、リサーチが有効活用されにくくなる可能性が高まります（2.2参照）。

では、どうすればいいのでしょうか？ 調査結果の活用シーンは「疑問形」で考えることが重要です。図3.3.3に示すように、WHERE、WHAT、HOWを意識して疑問形で考えることで、何に答えを出そうとしているかが明確になり、そのために必要な情報を考えやすくなります。

Webサイトのアンケートを実施するシーンで考えてみましょう。調査結果の活用シーンを「Webサイトの利用実態の基礎資料とする」とした場合、どのような情報が必要かの整理に時間がかかり、活用される可能性が低くなりがちです。

一方、「Webサイトをリニューアルすべきか否か？ を判断する」とした場合、どのような情報からリニューアルすべきと判断するのか、自社サイトの評価だけで判断できるのか？ などが論点になります。その議論の過程を通じてリサーチ企画の精度が上がるだけでなく、分析の方針が明確になり、調査結果が活用される可能性が高まります。

● 調査目的とは「調査に至る経緯」と「調査結果の活用シーン」のギャップ

調査を挟んだ「調査に至る経緯」と「調査結果の活用シーン」を考えることで、「今後のアクションに必要であるが、現在足りていない情報」が明らかになります。これが「調査目的」です。調査目的とは「調査で明らかにすべきこと」であり、リサーチ課題と同義になります。調査目的は、調査結果の活用シーンと同じく、疑問形で考えることが重要です。

このステップは問題解決ステップと一致します（図3.3.4）。問題解決とは、「現状」と「あるべき姿」のギャップ（＝問題）を解消していくプロセスです。調査にあてはめると、現状が「調査に至る経緯」、あるべき姿が「調査終了後のありたい姿・ゴール」になります。そして、このギャップを埋めるために「調査で明らかにすべきこと」が調査目的になります。

●「何がわかっていて、何がわかっていないか」を徹底的に考える

　調査目的を考えるときは「何がわかっていて、何がわかっていないか」を徹底的に考えることが重要です。調査目的は、（1）すでに決まっている・変えられないこと、（2）調査する前からわかっていること、（3）わかっていない・知らないといけないこと、に分類できます。そして、（3）がわかれば、ゴールに到達できるかを考えます。今後の方向性を決めるために「重要であるが、わかっていない・知らないといけないこと」を考える過程で、調査で明らかにすべきこと（＝調査目的）、調査項目が明確になっていきます。

視点	具体例
❶ WHERE	✓ 自社ブランドはどこに問題があるのか？ ✓ AとBのどちらを重視すべきか？
❷ WHAT	✓ この新商品は上市するだけの価値があるか？ ✓ 自社商品のロイヤルティを形成している要因は何か？
❸ HOW	✓ 誰をターゲットに、どのような価値を訴求すべきか？ ✓ どのステップで、ロイヤルティを高めていくべきか？

▶ 図3.3.3　調査結果の活用シーンは「疑問形」で考える

調査終了後の
ありたい姿・ゴール

→ ギャップ

1. すでに決まっている・変えられないこと
2. 調査する前からわかっていること
3. わかっていない・知らないといけないこと
　　→ 3.がわかれば、ゴールに到達できる？

現状

▶ 図3.3.4　失敗しないために「明らかにすべきこと」を考え抜く

調査仮説をもとに
リサーチ課題を分解する

仮説のないリサーチは失敗する

「仮説のないリサーチは失敗する」という格言があるぐらい、調査仮説は重要です。Webアンケートは「仮説を検証したい人に、検証したい項目を聞く場」であり、調査票の作成・集計・分析に大きく影響します。

図3.4.1に示すように、仮説を立てることで、「誰に」「何を」「どのように聞くか」が明確になります。仮説がない場合は、あらゆる情報を広く・浅く収集することになります。その結果、分析時になって必要な情報が発覚したり、深掘りしたくても情報が不足しており、詳細な分析ができなかったりという事態が発生しやすくなります。

一方、仮説がある場合は、「○○ならば、××になっているはず」と演繹的に考えて設計することができます。その結果、効率的な調査票作成が可能となり、調査結果も活用されやすくなります。

● 良い仮説とは「ビジネスを良い方向に動かす仮説」

仮説とは、「これまでの経験や分析等から想定される、課題に対する仮の答え」を言います。仮説には「良い仮説」と「悪い仮説」があります。良い仮説とは「ビジネスを良い方向に動かす仮説」を言います。仮説が違っていたとしても、仮説の精度が上がり、次のステップに進むことができる場合は、悪い仮説にはなりません。仮説は進化させてこそ価値があるのです。

良い仮説の条件として、(1) これまでの経験や分析等から、ある程度確からしい、(2) 内容が具体的で、深く掘り下げられている、(3) 具体的なアクション、解決策に結びつけやすいことが挙げられます（図3.4.2）。

一方で、図3.4.2の悪い例のような次のアクションに結びつかない仮説をよく見かけます。その結果、「アンケートを上手く活用できなかった」といった事態が生じやすくなります。仮説が検証されたとき、どのようなアクション、解決策に結びつくかまで考えることが重要です。

売上が下がっており
調査したいので、
設計をお願いします

仮説なし　あらゆる情報を広く・浅く収集する

✓ 分析時になって必要な情報が発覚しやすい
✓ 深掘りしたくても、情報が不足しており、詳細な分析ができない

仮説あり　効率的な調査票設計が可能となる
　　　　　＜仮説例＞

✓ コンセプトが良く、トライアルされたが、使用後の満足度が低く、リピートされない
✓ コロナによるチャネルシフトが生じており、自社の想起率が低くなっている
　→「○○ならば、××になっているはず」と考えて調査票を作成できる

仮説を考えることで「誰に」「何を」「どのように聞くか」が明確になる

▷ 図 3.4.1　調査仮説の重要性

良い仮説の
条件

1. これまでの経験や分析等から、ある程度確からしいこと
2. 内容が具体的で、深く掘り下げられていること
　（原因／理由まで踏み込んでいること）
3. 具体的なアクション、解決策に結びつけやすいこと

【例】　新しく発売した製品の売れ行きが思わしくない

（悪い仮説）

✓ 製品の仕様に問題があったのではないか？
✓ 投下した広告に問題があったのではないか？

✓ 仮説が正しかったとしても、アクションが決まらない（仕様や広告のどこを改善する？）

（良い仮説）

✓ 新製品が訴求した機能を、消費者が重視しておらず、魅力を感じなかったのでは？
✓ ターゲットに広告は認知されたが、競合とのサービスの違いが理解されなかったのでは？

✓ 仮説が正しい場合は、
　「消費者のニーズが高い機能に修正する」
✓ 仮説と異なり、
　「競合との違いは理解されているが、そもそも、広告が認知されていない」場合も軌道修正できる

▷ 図 3.4.2　良い仮説・悪い仮説

61

仮説が大事なのはわかるけど、仮説を出すのは難しい……

　リサーチ勉強会で、参加者から「仮説が重要なのは理解できますが、仮説を考えるのが難しいです」という声をよく聞きます。仮説が上手く出せない状況は、次の3つに集約されます（図3.4.3）。

　1つ目は「仮説＝正解と気負いすぎて、何にも思い浮かばない」パターンです。「仮説＝仮の答え」であるはずが、「仮説＝正解であるべき」に替わってしまい、担当者が難しく考え過ぎて思考停止するケースです。

　2つ目は「仮説はあるが、良い仮説に至っていない」パターンです。「男性が多く使っている」「○○機能が付いている商品が多い」など、次のアクションに結びつく前で仮説が終わってしまうケースです。「男性が多い」ことが検証されても、次のアクションに結びつかない場合は意味がありません。

　3つ目は「仮説の視野が狭い」パターンです。商品開発担当者などに多く、「自社のこの機能は他社よりも優れている」「自社の強みは○○である」など、自社の特徴ばかりを列挙するケースが多いです。

「何を考えるか」よりも、「どのように考えるか」が大事

　仮説が上手く出せないと悩んでいる方の共通点として、「思考の軸が足りない」ことが挙げられます。

　クリステンセン教授は『ジョブ理論　イノベーションを予測可能にする消費のメカニズム』[*1]の中で、「アカデミックな場に身を置く私は、特別な知識もない業界や組織のビジネスが抱える課題について意見を求められることが年に何百回とある。それでも見解を述べることができるのは、何を考えるかというより、どのように考えるかを教えてくれる、理論の詰まった道具箱をもっているからだ。」と述べています。実際、仮説を上手に考えられる人は、仮説を考えるプロセスを大事にしています。

仮説を「仮の答え」ではなく、「分解の切り口」と考える

　仮説を生み出す推論法に「アブダクション」があります。アブダクションとは「起こった現象に対して、法則をあてはめ、起こった現象を説明できる仮説を導き出す推論法」を言います。「結果（現象）」から「原因」に遡っていく推論法で、問題解決でよく使われています。

図3.4.4に示すように、「売上が低下している」といった現象に対して、「売上＝市場規模×自社シェア」の法則をあてはめて、自社シェアをさらに「認知率が低下したからではないか？」「特徴が伝わっていないからではないか？」などの仮説に分解していきます。

　仮説を「課題に対する仮の答え」ではなく、「分解の切り口」と捉えて、分解した切り口をもとに、具体的な原因や理由を考えることで、視点の抜け漏れを防ぐだけでなく、質の良い仮説を導きやすくなります。

❶ 仮説＝正解と気負いすぎて、何にも思い浮かばない

❷ 仮説はあるが、良い仮説に至っていない

❸ 仮説を考えているが、仮説の視野が狭い

調査仮説が
うまく出せない…

▶ 図3.4.3　調査仮説が上手く出せないときの状況

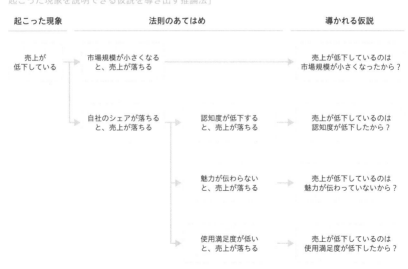

アブダクションとは「起こった現象に対して、法則をあてはめ、起こった現象を説明できる仮説を導き出す推論法」

起こった現象	法則のあてはめ	導かれる仮説
売上が低下している	市場規模が小さくなると、売上が落ちる	売上が低下しているのは市場規模が小さくなったから？
	自社のシェアが落ちると、売上が落ちる	
	認知度が低下すると、売上が落ちる	売上が低下しているのは認知度が低下したから？
	魅力が伝わらないと、売上が落ちる	売上が低下しているのは魅力が伝わっていないから？
	使用満足度が低いと、売上が落ちる	売上が低下しているのは使用満足度が低下したから？

▶ 図3.4.4　仮説を導き出す推論法「アブダクション」

リサーチ課題の分解に役立つ「切り口」

　筆者がリサーチ課題の分解で、よく活用している切り口を4つ紹介します。切り口は状況に応じて柔軟に組み替えることが重要です。4.3にも役立つフレームを紹介していますので参照してください。

◉【切り口①】ビジネスの原因仮説を考えやすい「ビジネスシステム」

　1つ目は「ビジネスシステム」です。仮説を考えるときは、自分が担当するレイヤーだけでなく、事業全体から俯瞰的に見ることで、筋の良い仮説を立てやすくなります。高松康平氏は、著書『筋の良い仮説を生む問題解決の「地図」と「武器」』*²において、事業部長の視点から仮説を考えることの有用性を指摘し、図3.4.5のビジネスシステムを示しています。

　同書では、原因仮説を考える視点として、「対象市場」「ターゲットセグメント」「顧客ニーズ」「自社の提供価値」「バリューチェーン」「バリューチェーンを支える組織」「外部環境」の7つの視点を挙げています（図3.4.6）。

　これらの要素が原因となり、売上・利益・シェアなどの結果が変化するため、それぞれの変化や自社と競合の対応状況を踏まえて、どこに問題が発生しているかの仮説を洗い出していきます。

◉【切り口②】ブランドの評価・改善に使える「ターゲット×顧客化」

　2つ目は「ターゲット×顧客化」です。多くのマーケティング課題は「売上が想定よりも低い」という問題に帰結します。その際は、（1）ターゲットに問題がないか、（2）顧客化の程度に問題がないか、に分解すると、問題箇所の特定、注力領域が見えやすくなります（図3.4.7）。

　ターゲットは「自社利用者」「競合利用者」「自社離反者」「カテゴリー未利用者」に分けて、どこに問題があるか、改善余地がないかなどを検討します。顧客化は「パーチェスファネル」で表現されます。パーチェスファネルが優れているのは、トライアルが低いときは「プロモーション」「チャネル」「価格」、リピートが低いときは「製品」「価格」に問題があることが多く、マーケティング・ミックスとの親和性が高い点です。競合との比較を通じて、どこにボトルネックがあるかを把握していきます。

行動の結果が数値となる

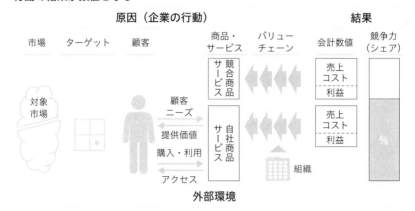

出典：高松康平『筋の良い仮説を生む問題解決の「地図」と「武器」』朝日新聞出版（2020）＊2

▶ 図3.4.5　ビジネスシステムで「原因仮説」を考える

1. 市場に変化が起きているのでは？
2. ターゲットセグメントに変化が起きているのでは？
3. 顧客ニーズを満たせていないのでは？
4. 顧客に自社商品・サービスの魅力を届けられているか？
5. 顧客価値を継続的に提供するバリューチェーンを構築できていないのでは？
6. バリューチェーンを支える組織に問題はないか？
7. 外部環境に大きな変化はないか？

出典：高松康平『筋の良い仮説を生む問題解決の「地図」と「武器」』朝日新聞出版（2020）＊2

▶ 図3.4.6　原因仮説を考える7つの視点

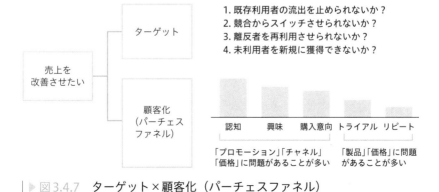

▶ 図3.4.7　ターゲット×顧客化（パーチェスファネル）

【切り口③】戦略の立案に使いやすい「ターゲットアプローチ」

　3つ目は「ターゲットアプローチ」です。既存商品・サービスのマーケティング戦略の立案、新商品・サービスのアプローチ検討などで活用できます（図3.4.8）。

　これは「WHO×WHAT×HOW」としても有名なフレームで、市場の中から自社商品・サービスの特長を聞いて「それください！」とすぐに買ってくれる顧客を見つけ（WHO）、競合よりも優れた価値を創造し（WHAT）、適切なチャネル、価格、メッセージで伝達していく（HOW）フレームです。

　上記に加えて、筆者は「買わない理由・障壁（不安・不信・誤解など）」「パーセプション（現状認識）」「PoP（競合との類似点）」「PoD（競合との相違点・独自性）」を含めて検討しています。消費者が商品を買わないときは「良い商品だと思うけど、ちょっとね……」と躊躇することが多く、「購入の壁」の明確化がリサーチの重要な役割だと考えています。

【切り口④】サービスの改善点の発見、施策立案に使える「5Eモデル」

　4つ目は「5Eモデル」です。商品・サービスに関する体験を「導入→直前→体験中→直後→体験後のつながり」で整理したものです（図3.4.9）。各プロセスの行動と感情を中心に顧客体験を理解し、サービスの満足点や改善点を検討するときに活用できます。

　サービスの改善点は「体験中」だけでなく、体験前後のプロセス、プロセス間のつなぎ目に原因があることが多いです。コールセンターの評価は、オペレーターの対応（＝体験中）だけでなく、電話のつながりにくさ（＝直前）などのプロセス全体で決まることが代表例です。

どうしても仮説が浮かばないときは、定性調査をしよう！

　仮説が思い浮かばない場合は、「定性調査（インタビュー）」の活用を検討します。消費者の多様な行動パターンを収集したいときは、グループインタビュー（5〜6名）が適しています。行動パターンは理解できており、詳細な深掘りをしたいときは3〜4名に絞ることが有効です。

　対象者をカテゴリーの関与度が高い人・低い人に分けて、自社利用者、競合利用者、利用中止者などで区分することで、様々なパターンを理解しやす

くなります。特に、主要ブランドのパーセプション（現状認識）、商品を選ぶ際の判断基準、購入時の悩み、商品の満足点・不満点、ロイヤルティの形成要素などを理解するようにしましょう。

- ✓ 自社商品・サービスの特長を聞いて「それください！」と買ってくれる顧客は？
- ✓ 競合と同じ（競合と差がない）と認識されている要素は？
- ✓ 競合よりも優れていると認識されている要素は？
- ✓ どのようなメッセージを訴求すると、顧客の心に刺さりやすい？
- ✓ どのようなメディア・媒体を活用すると、顧客に届きやすい？
- ✓ 顧客が自社商品・サービスを買わない理由・障壁（不安・不信・誤解など）は？

▷ 図3.4.8　ターゲットアプローチ

- 商品・サービスの体験を、最初から順を追って整理したもの。
  顧客目線で問題点や潜在ニーズを発見・改善する際に有用

| 導入 | 直前 | 体験中 | 直後 | 体験後の
つながり |

▷ 図3.4.9　5Eモデル

リサーチ企画の質を高める「リサーチ検討フレーム」

リサーチ企画の検討項目は連動している

リサーチ課題（リサーチを通じて、何を明らかにすべきか）を明確にした後は、その課題・仮説を検証できる「リサーチ企画書」（調査対象者条件、割付、サンプルサイズ、調査項目など）を作成するステップに入ります。

● 筆者が実務で活用している「リサーチ検討フレーム」

図3.5.1 に、筆者が実務で活用している「リサーチ検討フレーム」を掲載しています。リサーチは、(1) どの対象市場にリサーチするかを決める、(2) 本調査を正しく答えられる人に絞る／比較する軸を決める、(3) どのような項目（評価・指標）を聴取するかを決める、(4) 欲しい結果（アウトプット）になっているかを確認する、(5) 現状に変化をもたらすアクションを決める、の5つに分解することができます。この5つを連動して考えることで、Webアンケートの成功確率を高めることができます。

最初に考えるのは「(5) 現状に変化をもたらすアクションの決定」です。これは「調査結果の活用シーン」で検討済みであるため、(5) を起点にして (1) ～ (4) を考えていきます。

● 「リサーチの成否に影響するが、まだ決まっていない項目」に目を向ける

リサーチ論点とは「リサーチの成否に大きな影響を与えるが、まだ決まっていない項目」を言います（図3.5.2）。リサーチ論点には、フレーム全体の解像度を高める論点と、個別の最適化を図る論点があります。前者は「定性調査との組み合わせ」「スクリーニング調査による市場構造把握」、後者は「本調査対象者の条件設定」「最小分析単位からのサンプルサイズの設定」「評価・指標の設定」などがあります。

次節以降、リサーチ論点も踏まえた、リサーチ企画の検討ステップを説明していきます。

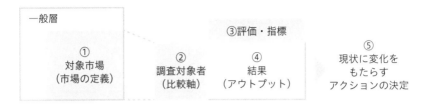

1. どの対象市場にリサーチするかを決める
2. 本調査を正しく答えられる人に絞る／比較する軸を決める
3. どのような項目（評価・指標）を聴取するかを決める
4. 欲しい結果（アウトプット）になっているかを確認する
5. 現状に変化をもたらすアクションを決める

▶ 図 3.5.1　リサーチ検討フレーム

【リサーチ検討フレーム】

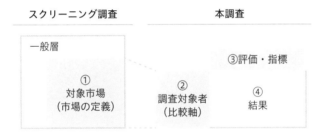

【リサーチ論点】

フレーム全体の解像度を高める

1. 定量調査の解像度を上げるために、定性調査と組み合わせるべきか？
2. スクリーニング調査を活用して、対象市場の構造を把握すべきか？

個別の最適化を図る

1. 本調査の対象者条件をどのように設定すべきか？
2. 最小分析単位から、サンプルサイズをどのように設定すべきか？
3. どのような評価・指標を用いて、消費者理解を深めるべきか？

▶ 図 3.5.2　リサーチの成否を左右する「リサーチ論点」

対象市場を踏まえて調査対象者を決める

調査目的・仮説から「対象市場」「調査対象者」を決める

調査目的・調査仮説を考えた後は、それを検証できる「対象市場」「本調査対象者」を決めるステップに入ります。リサーチ検討フレーム（3.5参照）では、前者が（1）どの対象市場にリサーチするかを決める、後者が（2）本調査を正しく答えられる人に絞る／比較する軸を決める、に該当します。

マーケティングにおける「4つの市場レイヤー」

図3.6.1 に示すように、マーケティングの対象市場には「一般層」「ニーズ行為者」「カテゴリー利用者」「自社利用者」の4つの階層があります。

一般層とは、全国の男女18〜69歳など市場全体を指します。ニーズ行為者とは、「良いコンディションを保ちたい」といったニーズの場合、栄養ドリンクとジムは同じカテゴリーに含まれるなど、ニーズ起点で市場を考えることを言います。

アンケート結果は「○％」と表現されることが多く、分母となる「対象市場」次第で数値は大きく変わります。Webアンケートを実施する際は、どの市場を対象にアンケートを実施するかを決める必要があります。また、調査結果を読むときにも、どの対象市場における割合なのかを確認することが大事です。

「カテゴリー利用者」だけでなく、「ニーズ行為者」にも目を向ける

企業が実施するWebアンケートは、担当の商品・サービスに関連した調査が中心であるため、「カテゴリー利用者」を対象にすることが大半です。

その一方で、マーケティングの競合は「同じニーズを満たすために用いられる全ての代替品・行為」を言います（図3.6.2）。市場が成熟化する中で、直接の競合によるパイの奪い合いだけでは限界があります。

ニーズ行為者かつカテゴリー未利用者を対象に、代替品・行為の内容や頻度、満足点・不満点、カテゴリーのイメージ、利用しない理由・背景などを把握し、ビジネス機会を発見することが重要です。新商品・サービスの開発、新規顧客の獲得などのリサーチ課題があるときは、リサーチの対象市場の設定に注意しましょう。

対象市場の階層	例：栄養ドリンク
一般層	男女18〜79歳など
ニーズ行為者	「良いコンディションを保つ」といったニーズの場合、栄養ドリンクとジムは同じカテゴリーに含まれる
カテゴリー利用者	栄養ドリンク購入者
自社利用者	自社ドリンク購入者

▶ 図3.6.1　マーケティングにおける4つの市場

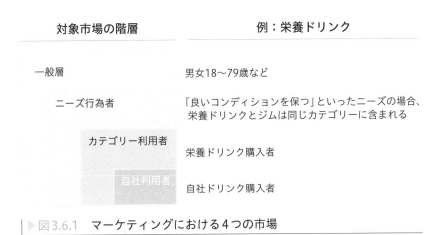

競合とは
「同じニーズを満たすために用いられる全ての代替品・行為」

直接の競合
- 企業視点
- 意識して当然
- 多くの企業は、この範囲しか見ない

同じニーズを満たせる「代替品」

紅茶　栄養ドリンク　チョコレート　ガムなど

同じ「カテゴリー」の商品

缶コーヒー

- パイの奪い合い
- 「カテゴリー」の盛衰に運命を左右される

広い意味での競合
- 顧客視点
- 多くのマーケターはこの範囲は考えない
- ここを意識することでビジネスが大きくなる

- パイを広げられる
- 自分で未来を切り開ける

▶ 図3.6.2　マーケティングにおける競合

スクリーニング調査をもとに「市場構造」を把握する

　自社商品・サービスが属するカテゴリーの市場規模、自社商品・サービスの認知率や利用率は、マーケティング戦略を立案する基礎資料になります。一方で、これらのデータは、2次データで入手しにくい／入手できたとしてもデータの粒度が粗いケースが多いです。

　その際は、スクリーニング調査を本調査対象者の抽出に活用するのと同時に、市場構造を把握する目的で活用する方法があります。全国の男女18〜69歳の人口構成比（5歳もしくは10歳区切り）に合わせてサンプル回収し、当該カテゴリーの利用率、年間利用回数、1回当たりの利用金額などを聴取し、カテゴリーの市場規模を算出します。（図3.6.3）

　上記に加えて、自社を含む主要ブランドの認知・利用経験・現在利用・利用金額などを聴取し、ブランドごとの顧客ピラミッドを作成・比較することで、自社がどのステップに課題があるかを把握することもあります。

スクリーニング調査から「本調査を市場の縮図に割付する」ことも可能

　スクリーニング調査と本調査を別々に実施することで、本調査の対象者を市場の縮図になるように割付することが可能です（図3.6.4）。

　具体的には、スクリーニング調査の結果から性年代別のカテゴリー利用率を算出し、国勢調査等の人数に乗じて性年代別のカテゴリー利用人口を求めます。その後、全体のカテゴリー利用人口から性年代別構成比を算出して本調査の割付を設定します。

「スクリーニング調査による市場構造把握」の留意点

　スクリーニング調査による市場構造把握では、2.5で説明した「なりすまし」に注意する必要があります。

　筆者の感覚では、スクリーニング調査の回答者の3〜4%がなりすまし回答者であり、商品を利用していないにもかかわらず、「利用している」と回答することで本調査対象者に選ばれる確率を高めようとします。そのため、スクリーニング調査のスコアは実態よりも数%高くなることが多いです。

　その事実を踏まえ、調査会社にデータクリーニングを依頼することをお勧めします。クリーニングすることで、実態に近い数字に近づきます。

【スクリーニング調査】

【割付】

● 全国の男女18～69歳の人口構成比に応じて割付

【主要な調査項目】

● カテゴリーの利用有無
● カテゴリーの年間利用回数
● カテゴリー1回あたり利用金額
● 自社／競合の認知・利用経験・1年以内の利用有無
● 自社／競合の利用金額

	10代	20代	30代	40代	50代	60代
男性						
女性	人口構成比に応じて割付					

自分が知りたい粒度（業態・企業）での市場構造を把握できる

▶図3.6.3　スクリーニング調査による市場構造把握

【スクリーニング調査】
● 全国の男女18～69歳を人口構成比に応じて割付

	10代	20代	30代	40代	50代	60代
男性						
女性	人口構成比に応じて割付					

「カテゴリーの利用有無」を聴取

【性年代別のカテゴリー利用人口を算出】

	人口	利用率	利用人口	構成比
男性10代	××人	○%	☆☆人	○%
男性20代	××人	○%	☆☆人	○%
男性30代	××人	○%	☆☆人	○%
…	××人	○%	☆☆人	○%
合計	××人	○%	☆☆人	100.00%

【本調査】

	10代	20代	30代	40代	50代	60代
男性						
女性	上記の構成比に応じて割付					

▶図3.6.4　スクリーニング調査からの「本調査の割付設定」

「アンケートを正しく回答できる本調査対象者」に絞り込む

　対象市場を決めた後は、アンケートを正しく回答できる本調査対象者に絞り込んでいきます。リサーチ検討フレームの（2）本調査を正しく答えられる人に絞る／比較する軸を決める、に該当します。

　なぜ、対象市場と本調査対象者の条件が異なるのでしょうか？　例えば、家族のためにビールを購入しているが、本人はビールを飲まない方に「購入したビールを飲んだ満足度」を聴取しても回答できません。アンケートを正しく回答できる方に絞り込む必要があります。

本調査対象者を設定する際は「絞り込みの甘さ」に注意する

　リサーチ経験が浅い方の場合、本調査対象条件の絞り込みが甘くなるケースが散見されます。本調査対象者は、属性や購買行動から調査対象者条件を絞り込んでいきます（図3.6.5）。

　例えば、「サービス改善に向けて、自社利用者の不満点を知りたい」といった場合、自社利用者を「利用経験者」もしくは「直近1年以内利用者」のどちらに設定するかで、回答精度が変わります。前者の場合、10年前の利用者が含まれ、現在のサービスを知らない＆記憶が曖昧な可能性があります。

　自動車やマンションなど関与度が高い商材の場合は、「選定関与者」に絞り込むことが重要です。自動車の購入プロセスを把握したい場合は、「メインで検討して購入を決めた方」に絞る必要があります。

ブランドには「3人の人」がいる

　ブランドには3人の人（銘柄決定者、購入者、使用者）がいます（図3.6.6）。使用者に「価格満足度」を聴取すると、「自分は購入していないのでわからない」と思いながら適当に回答される可能性が高いです。この場合は「購入者かつ使用者」に設定する必要があります。

企業側の論理で「アクティブ顧客」を規定しすぎない

　アクティブ顧客を定義する場合、企業と消費者の認識の違いに注意が必要です。理想的な購入サイクルを基準に、直近3カ月もしくは半年以内購入者

を「アクティブ顧客」、それ以前の購入者を「休眠顧客」と定義することがあります。一方、特定季節に購入する年1回購入者は、自身のことを休眠顧客と捉えていない可能性が高いです。彼らに「自社商品を購入しなくなった理由をお聞かせください」と聴取したら、どのように感じるでしょうか？

絞り込む際の視点	検討すべき内容
❶ 属性	✓ エリア　　：全国／一都三県／大都市圏など ✓ 性別　　　：男女／男性のみ／女性のみ ✓ 年齢　　　：下限と上限の年齢設定 ✓ 職業　　　：不問／有職者／専業主婦など ✓ 世帯・個人：個人と世帯のどちらを回答？
❷ 購買行動	✓ 購入状況　：認知者／購入経験者／購入者／ 　　　　　　　使用者など ✓ 関与度　　：購入プロセスの関与度
よくある落とし穴	ブランドには「3人の人」がいる。以下の人が同一人物とは限らない ● 銘柄決定者：その商品を買うことを決めた人 ● 購入者：店頭などで買った人、お金を払った人 ● 使用者：その商品を使っている人

▶ 図3.6.5　調査対象者を絞り込む際の視点

✓ 自社商品は「3ヶ月に1回」が平均的な購入サイクル
✓ ちょっと広めにして「半年に1回以内購入者」を「アクティブ顧客」としよう

（1年に1回購入者に）
自社商品を購入しなくなった理由をお聞かせください。

（1年に1回購入者）
自分は冬シーズンに毎年買ってるから休眠顧客じゃないよ。
この質問はひどくない？？？

▶ 図3.6.6　消費者の認識に合わせて「アクティブ顧客」を定義する

リサーチは「比較」して初めて意味がある

　調査は比較対象があって初めて「高い・低い」「良い・悪い」などの判断が可能となります。自社利用者の満足度が80％だった場合、競合利用者の満足度が60％の場合は「高い評価」、満足度が90％の場合は「低い評価」になります。「満足度80％」の絶対値だけでは、適切な判断はできません。

　比較対象がない調査の解釈は主観になり、説得力が弱まります。この段階で「何を比較対象に判断・評価するか」を決めておくことが重要です。

「属性」「行動」「意識」をもとに、データ分析時の比較視点を考える

　図3.6.7に、比較視点の例を掲載しています。「属性」「行動」「意識」の切り口をもとに、データ分析時の比較対象を検討することが重要です。

　行動面では、「カテゴリーの利用状況」に加えて、「利用ブランド」「自社ブランドの浸透度」「自社の顧客ピラミッド」などがよく活用されます。不満点などを詳細に知りたい場合は、「カテゴリーのヘビー利用者」「先行性セグメント」で傾向を把握することがあります。

　意識面では、「NPS」「愛着度」などのロイヤリティ指標がよく活用されます。また、「重視点・こだわり」などの価値観をもとにセグメンテーションして比較することもあります。

　行動と意識を組み合わせた比較も有効です。『たった一人の分析から事業は成長する　実践　顧客起点マーケティング』[3]等の多くの著書を持つ西口一希氏が提唱する9Segs（セグ）が該当します。同氏は「認知」「購買経験」「現在購買頻度」「次回購買意向」がマーケティング成果との相関が高いとして、4つを組み合わせたセグメンテーションを提唱しています。

　また、インサイトの探索では、「自社商品の愛着者」と「愛着者と近い属性・購買行動ながらも、自社商品を購入していない方」の比較が有効です。

SD法を使って、「消費者の価値観・意識を分類」することも効果的

　「SD法（AとBのどちらですか？）」を活用した比較も有効です。図3.6.8は、新型コロナウイルス感染症拡大時に生活充実感を「乏しい⇔感じる」のSD法で聴取した設問と、生活満足度を上げるために必要な要素の集計結果から特徴的なものを示したものです[4]。傾向がはっきり読み取れます。

視点	比較例
属性	✓ 性別、年齢、ライフステージ、エリア、職業、世帯年収

購買行動

行動

<カテゴリー全体>
- ✓ カテゴリー利用有無・利用回数・利用金額
- ✓ 利用ブランド（自社利用者、競合利用者）
- ✓ ブランド併用状況（単一ブランド利用者、ブランド併用者）
- ✓ イノベーター分類（イノベーター、アーリーアダプター…）
- ✓ 先行性セグメント
  - ※多くのブランドを利用しているが、どの商品にも満足できず、特定ブランドに定着していない人

<個別ブランド>
- ✓ 浸透度（認知者、利用経験者、現在利用者、メイン利用者）
- ✓ 顧客ピラミッド（未認知顧客、認知・未購買顧客、離反顧客、一般顧客、ロイヤル顧客）
- ✓ 利用頻度（ヘビー利用者、ミドル利用者、ライト利用者）
- ✓ 特定の行動有無（例：広告接触者／非接触者）

意識

- ✓ NPS（推奨者、中立者、批判者）
- ✓ 愛着度（非常に気に入っている、何となく使っている…）
- ✓ 継続購入意向
- ✓ 純粋想起（第一想起者、全想起者、非想起者）
- ✓ 重視点・こだわり

行動 × 意識

- ✓ LAND（ブランド購入経験×ブランド購入意向）
- ✓ 9Segs（認知×購買経験×現在購買頻度×次回購買意向）
  - ※西口一希氏が提唱したセグメント

▶ 図3.6.7　データ分析時の比較視点（例）

 「現在の生活」について、ご自身のお気持ちに近いのは？

	生活の充実感が乏しい	どちらともいえない	生活の充実感を感じる
生活の満足度を上げるために必要なもの	✓ 生計維持のための収入・仕事の確保 ✓ やりがいのある仕事に就く ✓ 自由になるお金の確保		✓ 健康の維持・管理や健康作り ✓ 家族関係の維持・改善 ✓ 友人や知人との良好な関係作り

出典：エイトハンドレッド『ライフセグメント定点調査』2021年7月調査[*4]

▶ 図3.6.8　SD法を用いて「消費者の価値観・意識を分類」する

目的に合わせて「割付」「サンプルサイズ」を決める

対象者・比較視点を決めたら「割付」を考える

　割付設定とは「調査対象者ごとに、どのぐらいのサンプルを集めるかを決めること」を言います。割付（各升目を「セル」と呼びます）を設定しないと、分析したい対象者のサンプルが集まらない事態が生じます。

　割付には「均等割付」と「母集団構成比に合わせた割付」があります（図3.7.1）。均等割付は「各セル同じサンプルサイズを確保する割付」です。男性20代と女性20代など、セル間の違いを見たいときに活用します。

　一方、母集団構成比に合わせた割付は、「人口構成比など特定母集団の構成比に合わせて各セルのサンプルサイズを設定する割付」です。セル間の比較よりも市場全体の傾向を把握したいときに活用します。

● ウェイトバック集計で「均等割付」と「母集団構成比」の両方を実現する

　均等割付の全体結果は、市場構成を反映していない点に注意が必要です。全体結果を参考値として活用するか、母集団構成比に合わせたウェイトバック集計が必要になります。

　ウェイトバック集計とは「ある調査の構成比を、母集団構成比に合わせて補正集計すること」を言います。図3.7.2に示すように、母集団構成比に合わせて調査回答者の構成比を修正し、理論上の集計値を算出します。

　ウェイトバック集計を実施するには、事前に母集団構成比がわかっている必要があります。国勢調査を活用することが多いですが、スクリーニング調査の結果を用いて構成比を算出する方法もあります（3.6参照）。

● ウェイトバック集計の補正値（ウェイト値）の上限は？

　「ウェイトバック集計の補正値はいくつ以下に抑えたらよいか？」と質問を受けることがあります。補正値10の場合、1人の回答が10人分に該当するため、少ないほうがよいとの考え方が背景にあります。

筆者は「補正値よりも補正値を算出するサンプルサイズが大事」と回答しています。図3.7.2の「男性20代」は250ssから補正値を算出していますが、仮に10ssだった場合、そもそもの数値の信憑性が低いです。補正値を算出するセルで100ss以上の確保を目指しましょう。

① **均等割付**　　② **母集団構成比に合わせた割付**

日本の人口構成比に合わせて、性別×年代別の人数を割り付ける

総務省統計局「国勢調査」より算出

	20代	30代
男性	100	100
女性	100	100

	10代	20代	30代	40代	50代
男性	80	83	98	129	117
女性	76	80	95	126	116

セル間（男性20代と女性20代）の違いを見たいときに活用

セル間の違いよりも全体の傾向・実態を把握したいときに活用

▷ 図3.7.1　**割付の種類**

調査回答者・母集団構成比　　補正値（ウェイト値）　　ウェイトバック集計後

	サンプルサイズ	調査構成比	母集団構成比
男性20代	250	25.0	19.5
男性30代	250	25.0	22.9
男性40代	250	25.0	30.2
男性50代	250	25.0	27.4
計	1,000	100	100

	ウェイト値
男性20代	0.78
男性30代	0.92
男性40代	1.21
男性50代	1.10

ウェイト値
＝母集団構成比/調査構成比

	サンプルサイズ	調査構成比	母集団構成比
男性20代	195	19.5	19.5
男性30代	229	22.9	22.9
男性40代	302	30.2	30.2
男性50代	274	27.4	27.4
計	1,000	100	100

▷ 図3.7.2　**ウェイトバック集計の実施イメージ**

「ブーストサンプル」を使いこなす

　レアサンプルを確保しやすいという特徴を活かして、インターネット調査では、一般層（均等割付や母集団構成比に合わせた割付）とは別に、特に知りたい対象者を「ブーストサンプル」として一定数（100～150ss）確保することがあります（図3.7.3）。

　ブーストサンプルは、(1)自社利用者の出現率が低く、一般層だけでは分析に耐えられるサンプルサイズを確保できない、(2)「現在顧客」を中心に分析する一方で、少ないサンプルサイズで十分なので「離反顧客」「認知・未購買顧客」の傾向を把握したい場合などに活用されることが多いです。

● ブーストサンプルにも「比較」の観点を意識する

　ブーストサンプルでも比較の視点を意識します。例えば、「自社に愛着を感じている人」をブーストサンプルに設定し、一般層の自社利用者と比較することで、自社の価値を評価しやすくなります。また、「早期のロイヤル顧客」をブーストサンプルに設定することで、「同じ利用期間の一般顧客」と差を分ける要因を探ることができます。

● ブーストサンプルを用いるときは「集計・分析」の罠に注意！

　ブーストサンプルは分析の幅を広げてくれるため、インターネット調査では積極的に活用しましょう。ただし、集計・分析の段階では注意が必要です（図3.7.4）。

　調査会社から納品されるローデータや全体集計（単純集計）、クロス集計は、一般層とブーストサンプルが混ざっています。そのため、一般層（1,000ss）の傾向を把握したいときは、全体（1,150ss）からブーストサンプルの回答者（150ss）を除いて集計する必要があります。

　一方、自社利用者をブーストサンプルに設定した場合、自社利用者の特徴を見るときは、「一般層の自社利用者（15ss）」と「ブーストサンプル（150ss）」を合計した結果（165ss）で分析していきます。つまり、一般層とブーストサンプルの集計ベースが異なることになります。

　リサーチ経験が少ない方の場合、一般層とブーストサンプルを混ぜて分析してしまいがちですが、目的に合わせて使い分けるようにしましょう。

【一般層】 【ブーストサンプル】

均等割付　OR　母集団構成比に
合わせた割付

＋

知りたい対象者を、
一定サンプル
（100〜150ss）
確保

	10代	20代	30代	40代	50代
男性	80	83	98	129	117
女性	76	80	95	126	116

1,000ss

＋

自社利用者
150

150ss

▶ 図3.7.3　ブーストサンプルの設定イメージ

【一般層】 【ブーストサンプル】

	10代	20代	30代	40代	50代
男性	80	83	98	129	117
女性	76	80	95	126	116

一般層：1,000ss
自社利用者：15ss

＋

自社利用者
150

自社利用者：150ss

【一般層の傾向を見たい】
ブーストサンプルは含まずに、
一般層（1,000ss）だけで分析する

【自社利用者の傾向を見たい】
一般層の自社利用者（15ss）
＋ブーストサンプル（150ss）
を合算して分析する

▶ 図3.7.4　ブーストサンプルの集計・分析時の留意点

「割付」が決まったら「サンプルサイズ」を考える

　サンプルサイズの決め方には、「統計的観点」と「実務的観点」の2つがあります。

「統計的観点」からサンプルサイズを決める

　Webアンケートは、母集団から一定の標本（サンプル）を抽出してアンケートを実施する「標本調査」が一般的です。全員に調査できない以上、母集団からランダムに標本を抽出しても、必ず誤差が発生します。この誤差を統計的に測定したのが「サンプリング誤差早見表」です（図3.7.5）。

　早見表は、サンプルサイズ（横軸）と比率（縦軸）から構成されます。升目の数字が誤差範囲になります。統計的観点とは「どの範囲の誤差まで許容できるか」でサンプルサイズを判断します。誤差を最大±5ptに抑えるには分析単位ごとに400ss、±10ptの場合は100ssが必要になります。

　この早見表は、母集団が十分に大きいときに活用されます。一方で、自社会員など母集団が決まっていることもあります。図3.7.6に、母集団別の必要サンプルサイズ（最大誤差±5pt）を掲載しています。

「実務的観点」からサンプルサイズを決める

　実務的観点では「全体で400ss、分析単位ごとに最低30ss」と言われることが多いです。分析単位で30ssに満たない場合は、「参考値」と言われることが多いので注意が必要です。ただし、30ssの最大誤差は±18.3ptもあります。筆者は「最大誤差が安定し始める80ssを分析単位ごとに確保する」ことをお勧めしています。

「最小分析単位」から逆算して、全体のサンプルサイズを考える

　サンプルサイズを決める際は、図3.7.7に示すように、「最小分析単位」から逆算して、全体のサンプルサイズを決定することが重要です。最小分析単位から全体のサンプルサイズを算出すると、想定の調査費用を超えることが多いです。両者のバランスから、どこまで分析するかを事前に決めておくと、後工程で「必要な分析ができない」といった状況を回避できます。

%		30	50	80	100	150	200	400	500	1000	1500	2000
1%	99%	3.6	2.8	2.2	2.0	1.6	1.4	1.0	0.9	0.6	0.5	0.4
5%	95%	8.0	6.2	4.9	4.4	3.6	3.1	2.2	1.9	1.4	1.1	1.0
10%	90%	11.0	8.5	6.7	6.0	4.9	4.2	3.0	2.7	1.9	1.5	1.3
15%	85%	13.0	10.1	8.0	7.1	5.8	5.0	3.6	3.2	2.3	1.8	1.6
20%	80%	14.6	11.3	8.9	8.0	6.5	5.7	4.0	3.6	2.5	2.1	1.8
25%	75%	15.8	12.2	9.7	8.7	7.1	6.1	4.3	3.9	2.7	2.2	1.9
30%	70%	16.7	13.0	10.2	9.2	7.5	6.5	4.6	4.1	2.9	2.4	2.0
35%	65%	17.4	13.5	10.7	9.5	7.8	6.7	4.8	4.3	3.0	2.5	2.1
40%	60%	17.9	13.9	11.0	9.8	8.0	6.9	4.9	4.4	3.1	2.5	2.2
45%	55%	18.2	14.1	11.1	9.9	8.1	7.0	5.0	4.4	3.1	2.6	2.2
50%	50%	18.3	14.1	11.2	10.0	8.2	7.1	5.0	4.5	3.2	2.6	2.2

<読み方>
n=100の調査で認知率20%の場合、標本誤差は±8.0pt
（100回調査すると95回は12.0%～28.0%の間に入る）

▷ 図3.7.5　サンプリング誤差早見表

母集団数（N）	1,000	5,000	10,000	50,000	100,000	500,000
必要サンプルサイズ	278	357	370	382	383	384

▷ 図3.7.6　母集団別の必要サンプルサイズ（最大誤差±5pt）

	20代	30代
男性	100	100
女性	100	100

男性30代を
「ヘビー／ミドル／ライト」で分析！

∨ ヘビーの割合が10%の場合、
　10ssで参考値になってしまう
∨ 一番少ないセルで50ss確保できるよう、
　逆算してサンプルサイズを決定する
　→ヘビー（10%）を起点に、
　　男性30代で500ss必要

▷ 図3.7.7　「最小分析単位」からサンプルサイズを逆算する

「評価・指標の設定」が
消費者理解の「差」を分ける

リサーチ企画で抜けがちな「評価・指標」の検討

リサーチやデータ分析の書籍には、クロス軸（分析軸、表側）に関する記載が多い一方で、「評価・指標（表頭）」に関する記載は少ないように感じます。筆者は、「評価・指標」の設定が消費者理解の「差」を分ける重要なポイントであると考えています。

アンケートの「聴取方法」と消費者の「ブランド選択行動」は異なる

筆者が経験した案件を紹介します。メーカーのブランド担当者から「自社と競合のブランドイメージを聴取しているが、この数字を信じていいか悩んでいます」といった相談を受けました。

アンケートを拝見すると、「自社のイメージにあてはまるものをすべてお選びください」「競合のイメージにあてはまるものをすべてお選びください」とブランドごとにイメージを聴取していました。担当者には、自社と競合の間には違うイメージがあると感じている一方で、調査結果は両社のブランドイメージはほぼ同じ結果でした（図3.8.1）。

消費者が商品を選ぶとき、「競合よりも自社のほうが性能は良さそう」「センスがいいのは自社よりも競合かな？」など、ブランドを相対比較しています。つまり、アンケートの「聴取方法」と、実際の「ブランド選択行動」が乖離していることが原因であると感じました。

「イメージ起点」でブランドを評価すると……

そこで、先ほどのブランドイメージの設問に加えて、図3.8.2のように自社と競合を両方認知している方に、「信頼できるのはどちらですか？」などとイメージ起点で聴取しました。この聴取方法は、デザインなど言語化しにくい場合に活用する方法です。調査結果は、自社と競合で奇麗にイメージが分かれ、担当者の感覚と一致したのです。

リサーチは「比較」してこそ意味があります。ただし、「クロス軸（分析軸、表側)」の比較だけでなく、「評価・指標（表頭)」の比較も大事であることを認識しておきましょう。

【企業ごとにあてはまる
イメージを選択】
以下の企業のイメージとして、あてはまるものをすべてお選びください。

→	信頼できる	親しみのある	存在感がある	センスがいい	…
A社	☐	☐	☐	☐	☐
B社	☐	☐	☐	☐	☐
…	☐	☐	☐	☐	☐

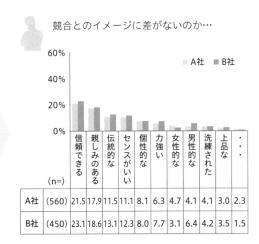

競合とのイメージに差がないのか…

	(n=)	信頼できる	親しみのある	伝統的な	センスがいい	個性的な	力強い	女性的な	男性的な	洗練された	上品な	…
A社	(560)	21.5	17.9	11.5	11.1	8.1	6.3	4.7	4.1	4.1	3.0	2.3
B社	(450)	23.1	18.6	13.1	12.3	8.0	7.7	3.1	6.4	4.2	3.5	1.5

▶ 図3.8.1　「企業単位」でブランドイメージを聴取する

【イメージごとに、イメージが
強い企業を選択】
以下の項目について、どちらの企業のほうがイメージが強いですか。

→	A社	どちらも変わらない	B社	わからない
信頼できる	○	○	○	○
親しみのある	○	○	○	○
存在感がある	○	○	○	○
センスがいい	○	○	○	○
…	○	○	○	○

やはり競合とイメージが違うな…

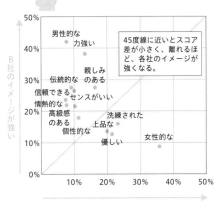

出典：マクロミル リサーチャーコラム『「比較」を意識して、カスタマーの理解を深めよう』 [5]

▶ 図3.8.2　「イメージ単位」でブランドイメージを比較する

評価・指標の「比較」で消費者理解を深める

　一般的なWebアンケートでは、評価・指標には「カテゴリーの購買行動（きっかけ、重視点、情報収集源、購入理由など）」「評価項目（満足点、不満点、広告の評価など）」「属性（性別、年代、職業等）」などが並びます。

　筆者は、上記に加えて、図3.8.3に示すような比較の視点を思い浮かべることが多いです。

　時系列の視点では、商品・サービスの選択重視点の「過去→現在→未来」変化、商品・サービスの支出項目や利用状況の「増加⇔減少」などを聴取することで、消費行動やニーズの変化を把握することができます。

　市場機会の発見では、実際の行動と理想のギャップを意識した「現実⇔理想」、商品・サービスのベネフィットの「充足⇔未充足」、商品・サービスの事前期待値と満足度の「期待⇔満足」などを思い浮かべることが多いです。

　優先順位の決定では、商品・サービスの機能・ベネフィットで「あって当然（ないと不満）⇔なくても仕方ないが、あると嬉しい」、ブランドの特徴などの「認知度⇔魅力度」などで優先度を見極めることが多いです。

「2×2のマトリクス」で思考することで、様々な知見が得られる

　カテゴリーにおける純粋想起率（何のヒントもなく、○○と聞いて思いつくブランドの想起率）が第1位のブランドは、2番目以降のブランドよりも購入確率が高くなります。そのため、自社ブランドの売上を拡大するには「○○といったら自社ブランド」の想起数を増やす必要があります。

　図3.8.4に示すように、「商品・サービスを選ぶ際の重視点」と「重視点ごとの第一想起ブランド」を聴取し、2×2のマトリクスで表現することで、改善すべき領域が見つけやすくなります。1つの評価・指標だけでは、想定内の結果になりやすいです。2×2のマトリクスで整理することで、思いがけない発見、今後の方向性を導きやすくなります。

ここまで検討した内容を「調査項目」として書き出しておく

　リサーチ企画書には「調査項目」の検討があります。調査仮説、調査対象者の設定・比較視点、評価・指標などで考えた項目を「主要な調査項目」として整理しておきましょう。その際は「調査項目」と「聴取する意図」をセッ

トで整理しておくと、社内関係者への共有がしやすくなります。

　もちろん、実際に調査票を作成していくステップで、調査項目の抜け漏れが発生します。リサーチ経験が豊富な人でも、リサーチ企画の段階で全てを網羅できないことが多いため、完全な網羅性は必要はありません。

時系列	過去	↔	未来		増加	↔	減少
市場機会の発見	理想	↔	現実		充足	↔	未充足
	第1位	↔	第1位以外		期待	↔	満足
優先順位の決定	あって当然（ないと不満）	↔	なくてもいいが、あると嬉しい		認知	↔	魅力

▶ 図3.8.3　評価・指標の「比較」で消費者理解を深める

Q1. 〇〇を利用するときに重視することをすべてお選びください。

1. 商品の品揃えが多い
2. 商品の特徴がわかりやすい
3. 商品の価格が手頃である
4. 商品の口コミがよい
5. 多くの人が利用している
6. ……

Q2. 以下を聞いて、最初に思い浮かぶブランドを1つお選びください。

→	Aブランド	Bブランド	Cブランド	…
商品の品揃えが多い	○	○	○	○
商品の特徴がわかりやすい	○	○	○	○
商品の価格が手頃である	○	○	○	○
商品の口コミがよい	○	○	○	○

✓ 2×2のマトリクスで整理することで、思いがけない発見、今後の方向性を導きやすくなります。

✓ 横軸に「重要度」「影響度」など、優先度がわかる軸を設定しましょう。

▶ 図3.8.4　「2×2のマトリクス」で思考することの重要性

最後に「欲しい結果が得られそうか？」を確認する

「結果（アウトプット）」からリサーチ企画を最終チェック

　図3.9.1に、リサーチ企画の検討項目、リサーチ検討フレームを再掲しています。リサーチ企画を立案する目的は、（5）現状に変化をもたらすアクションの決定につなげるために、「重要であるが、わかっていない・知らないといけないこと」を調査で明らかにするためです。

　リサーチ企画の最後のステップは、リサーチ検討フレームの（1）〜（3）を通じて、（4）欲しい結果（アウトプット）になっているかの確認です。第5章の集計・分析も参考に、グラフや集計表のイメージを書いてみましょう。手書きかつ、数値はダミーで大丈夫です。

　自分の欲しいアウトプットが得られそうならば、リサーチ企画は完成です。もし、違和感がある場合は、（1）〜（3）に戻って再考します。判断できない場合は、調査会社の営業に問い合わせるのも1つの方法です。

● リサーチ企画を上手に考えるためのコツ

　第3章の最後に、筆者の実務経験を踏まえて、リサーチ企画を上手に考えるためのコツを2つ紹介します。

　1つ目は「上長からの反論を考える」です。自分が社内関係者に報告するシーンを思い浮かべましょう。その際、上長から「この調査結果だけでは意思決定できない、○○は確認していないのか？」と反論されるシーンをあえて想像します。そして、上長の反論に対応するために、（1）〜（3）のどこを修正すべきかを考えていきます。これを繰り返すことで、必要とする調査結果が得られるリサーチ企画に近づきます。

　2つ目は「悩んだときは、そもそもと立ち戻る」です。リサーチ企画を考えていくと、袋小路に迷い込み、些細なことも重要に見えるといったことが発生します。その際は「そもそも、今回のリサーチで明らかにすることは何

だったのか？」とつぶやきましょう。視座を高くすることで「深く考えたが、よく考えたら優先度が低い」といったケースは案外多いです。

リサーチ企画の検討項目

調査背景

調査目的

調査対象者

割付・サンプルサイズ

調査項目

調査時期

調査費用

リサーチ検討フレーム

【スクリーニング調査】　　　　　　　　【本調査】

一般層

③評価・指標

①
対象市場
（市場の定義）

②
調査対象者
（比較軸）

④
結果
（アウトプット）

⑤現状に変化をもたらす
アクション の決定

▶ 図 3.9.1　リサーチ企画の検討項目、リサーチ検討フレーム

上長からの反論を考える

新商品の利用意向が〇％と高いため、市場に導入すべきです。

新商品の価格の上限はどのぐらいなの？（できるだけ高く設定したい）

3,000円が目安だと思いますが、いくらまで高く設定できるかは不明です……
（安い方がいいと思っていた）

新商品の需要が急激に落ち込む
価格がわかるように修正

悩んだときは、そもそもと立ち戻る

競合と比べた、自社商品のロイヤルティ形成要因を明確にしたい！

〇〇機能の使い勝手を知りたい

購入チャネルの構成比を知りたい

競合は広告の評価がいいと思う

競合の方が認知率が高いのでは？

…

そもそも、リサーチで何を明らかにするんだっけ？目的に立ち戻って整理しよう

▶ 図 3.9.2　リサーチ企画を上手に考えるためのコツ

アンケートにも
「トランザクション」の発想を持とう

ビジネスでは「ユニーク数」と「アクション数」を区別することが重要です。ID-POSデータでは、日々の買い物のトランザクションデータをもとに、「ブランドシェア（購入金額、購入数量ベース）」「各ブランドの間口×奥行き」などの分析をします。一方、アンケートでは「購入率」「利用率」といったユニーク数による分析が多いです。アンケートにもトランザクション（アクション数）の概念を取り入れることが大事です。

自社サービスのシェアがどう考えても低いです…

筆者が対応したWebサービスの事例を紹介します。類似サービスの中で、そのWebサービスは圧倒的なシェアトップでした。担当者から「外資系コンサルがアンケートから自社サービスの市場シェアを算出してくれたのですが、シェアが低くて、肌感覚と合わないんです」と相談を受けました。

レポートを見ると、「直近1年間で利用したサービス」を聴取し、1人が何回利用しても「1人」というユニーク数でシェアを算出していました。筆者は「トランザクション（アクション数）」の視点がないことが原因だと判断し、アンケートを実施しました。アンケートでは、Webサービスを含む行動回数を聴取し、そのうち、各種サービスの利用割合を聴取する設計に変更しました。その結果、担当者の肌感覚と合致する結果になりました。

1人の行動も「利用シーン・きっかけが異なれば、ニーズが変わる」

消費者1人の行動でも、利用シーン・きっかけが異なれば、ニーズや重視点、満足度などが変わります。利用シーン・きっかけは、消費者行動を分析する有益なクロス軸です。一方、アンケートでは、「利用シーン・きっかけ」を複数回答で聴取することが多く、複数回利用する商品・サービスでは、利用シーン・きっかけごとの傾向が見えにくいケースがあります。

そのときは、1人につき、直近2回の購入／利用について、それぞれの利用シーン・きっかけ、ニーズ、重視点、満足度を聴取する方法があります。調査項目を絞る必要がありますが、アンケート回答者のデータをトランザクションデータとして積み上げる（100ssの場合は200アクション）ことで、消費者の行動がより精緻化しやすくなります。

第 4 章

Webアンケート
調査票の作成

調査企画を立案した後は「調査票」を作成していきます。調査票は「アンケート回答者との会話」です。この大前提のもと、回答者の気持ちに立って、彼らが誤解なく質問文や選択肢を理解して、スムーズに回答できるように調査票を作成することが重要です。調査票の作成方法を体系的に教わった経験がある方は少なく、これでいいのかと不安に感じている方も多いと思います。本章を通じて、調査票の作成ステップを理解していきましょう。

調査票は
「アンケート回答者との会話」

調査票を作る際の落とし穴

　本章から、調査票について説明していきます。筆者はこれまで多くの調査票を見てきましたが、調査票を作成する機会が少ない方には、ある共通点があります。それは「調査票を作る人の頭の中≠調査票を回答する人の頭の中」ということです（図4.1.1）。

　調査票を作成する機会が少ない人は、自分が聞きたいことをそのまま調査票にしてしまう傾向が強いです。具体的には、自分が知りたい順番に質問を作る、専門用語を多用してしまう、答えられないことを聞いてしまう、選択肢が偏っている（抜け漏れがある）などの問題があります。その結果、回答者が回答しにくい調査票になってしまうことが多いです。

◉ 回答意欲を損なう調査票とは？

　図4.1.2は、日本マーケティング・リサーチ協会が実施した『回答意欲を損なう調査票』[1]の結果です。

　回答者が回答意欲を損なう内容は、(1) 調査票の「質」に関するもの（選択肢の数が多すぎる、質問文が長すぎる、質問の意味がわかりにくいなど）、(2) 調査票の「ボリューム」に関するもの（全部回答するのに時間がかかる、似たような内容を何回も繰り返し質問される、マトリクス設問が多いなど）、に分類できます。

　スマホからの回答が増えている時代背景に合わせて、調査票はわかりやすく、端的にする必要があります。加えて、調査項目は必要最低限に絞り込むことの重要性が高まっています。

◉ 調査票は「アンケート回答者との会話」

　調査票は「アンケート回答者との会話」です。ただし、回答者からの疑問に答えることや補足することはできません。また、質問文や選択肢をどのよ

うに解釈するかも回答者の自由です。

　そのため、調査票は「回答者の気持ちに立って、彼らが誤解なく質問文や選択肢を理解して、スムーズに回答できるように作る」ことが大原則です。

 調査票を作る人の頭の中　≠　調査票を回答する人の頭の中

具体的には、
「自分が聞きたいことをそのまま調査票にしてしまう」

- ✓ 自分が知りたい順番に調査票を作る

- ✓ 業界用語、専門用語を多用してしまう

- ✓ 回答者が答えにくい（答えられない）ことを、ついつい聞いてしまう

- ✓ 仮説を検証したい気持ちが強く、選択肢に 抜け漏れが発生しやすい

答えにくいな…

▶ 図4.1.1　調査票を作る機会が少ない人にありがちな「罠」

	10%	20%	30%	40%	50%	60%
選択肢の数が多すぎる						54.0
質問文が長すぎる						52.0
全部回答するのに時間がかかる					44.0	
似たような内容を何回も繰り返し質問される					43.0	
質問の意味がわかりにくい					42.2	
マトリクス設問が多い				38.3		
自由回答が多い				35.7		
回答したときの労力に対して、謝礼が少ない				34.9		
1回当たりの謝礼のポイントが少ない			30.2			
大きすぎる表形式の質問でも1問とされる		21.2				
スマートフォンで回答しにくい画面デザイン		20.2				
回答者をためすような質問がある	11.4					
プライバシーに関わる質問をされた	10.2					
その他	2.8					
特にない	4.2					n=4,619

出典：日本マーケティングリサーチ協会『モニター満足度調査からみたネットリサーチモニターの実態』（2018.5）＊1

▶ 図4.1.2　回答意欲を損なう調査票（複数回答）

調査票の作成ステップ

調査票の作成ステップを理解する

　図4.2.1に示すように、調査票の作成ステップは「調査目的・仮説の調査項目への分解」から始まり、「プリテストの実施」までの6つのステップから構成されます。調査票というと、「どのように質問文や選択肢を作るべきか」を考える人が多いですが、その前に検討すべき内容があります。

(1) 調査目的・仮説を調査項目に分解し、調査項目を絞り込む

　調査票作成の出発点は「調査目的・仮説の調査項目への分解」です。調査目的・仮説を細かく分けて、これを検証するためには何を聴取すべきかを考え、調査項目に分解していきます。また、ビジネスフレームに照らして、調査項目に抜け漏れがないかを確認します。

　調査項目を洗い出した後は、「調査項目の整理・絞り込み」です。調査項目を洗い出すと、想定していたボリュームを超えることが多いです。また、似たような内容を聞いていることも多いです。全体の調査項目数や活用イメージを想定しながら、調査項目の整理・絞り込みを行います。

(2) 調査項目の流れ、回答形式を検討して、質問文・選択肢を作成する

　調査項目の絞り込みが終わった後は、「調査項目の質問順序」を検討します。どのような順番だと、回答者が回答しやすいか、順番によるバイアスが生じにくいかを考えていきます。

　質問順序を決めた後は、「調査項目の回答形式」を検討します。項目ごとに、どのような回答形式（単一回答、複数回答など）で聴取するかを考えます。筆者は、この段階で「調査項目シート」を作成しています。4.6で説明しますが、調査目的／調査対象者条件／調査項目／回答者条件／回答形式／選択肢イメージを整理することで、調査対象者条件との整合性、調査項目や分析軸の抜け漏れなどを確認しています。

その後は、回答者が誤解なくスムーズに回答できることを意識して「質問文・選択肢の作成」を行います。

● (3) プリテストは「絶対」行う

調査票を作成した後は、質問が意図したとおりに理解・回答されているかを確認するプリテストを実施します。プリテストは、案件に関わっていない人にお願いすることが一般的ですが、自分自身でも実施できます。自分でプリテストする際は「音読して詰まったところ」が修正ポイントです。また、「これで意味が伝わるかな？ 一部の選択肢に回答が集中しないかな？」と否定的に確認することが重要です。

なお、本章では、STEP1～STEP5について説明していきます。

STEP6（プリテスト）の重要性は、4.7と本章末のコラムで触れていますので、そちらを参照してください。

① 調査目的・仮説の
調査項目への分解　　　調査目的や仮説をもとに、調査項目に分解する

② 調査項目の
整理・絞り込み　　　全体のボリュームや報告ストーリーを考えながら、調査項目を絞り込む

③ 調査項目の
質問順序の決定　　　回答者が回答しやすい流れ、アンカリング効果を考慮して流れを決める

④ 調査項目の
回答形式の検討　　　「単一回答」「複数回答」など、活用目的に合わせた回答形式を考える

⑤ 質問文・選択肢の
作成　　　回答者が誤解なく質問文や選択肢を理解して、スムーズに回答できるように作成する

⑥ プリテストの
実施　　　質問が意図したとおりに理解され、回答されているかを確認する

▶ 図4.2.1　**調査票の作成ステップ**

＜STEP1＞調査目的・仮説の調査項目への分解

調査目的・仮説を「調査項目に分解する」

調査票作成の最初のステップは、「調査目的・仮説の調査項目への分解」です。図4.3.1にあるように、調査目的・仮説を細かく分けて、これを検証するためには何を聴取すべきかを考え、調査項目に分解していきます。

図4.3.1の1つ目の仮説をもとに、分解していくイメージを話し言葉で再現します。「最初に、自社サイトと他社サイト利用者を識別する必要があるから、"利用したサイト"を聴取しよう。ここでは現在の状況を知りたいので、利用経験ではなく、直近1年に絞ったほうがいいかな。この質問で、両サイトの併用状況も判断できる」といった感じです。

後段の仮説は、「ターゲット、サイトの利用目的が異なるかを知りたいから、ターゲット理解として、"属性"を聴取しよう。サイトの使い方は、年齢よりもライフステージ（独身、夫婦のみ、子あり）のほうが違う可能性が高いから"ライフステージ"にしておこう。利用目的は、利用シーンと似ている感じがするので、とりあえず"利用目的・利用シーン"でまとめておこう」といった感じです。複数の仮説で同じ調査項目が出てきますが、次のステップで整理するため、制限をかけずに書き出していきます。

3つの視点から調査項目の「抜け漏れを防ぐ」

調査項目に抜け漏れがあると、後のステップでの挽回が難しくなります。図4.3.2に示す、3つの視点から調査項目の抜け漏れを防ぐことが大事です。

● (1) 社内外のアンケートを探す／参考にする

最初は、社内で実施したアンケートを探します。自部署、他部署で類似のアンケートを実施しているケースが多くあります。そのまま流用できなくても、選択肢などは参考になることが多いです。

加えて、社外のアンケートを探します。Googleなどの検索ポータルで「○○（商材・テーマ）調査 アンケート」と入力します。「○○に関する実態調査」などが上位に表示されます。画像検索に切り替えると、多くのグラフが出てきます。そこからリンクをたどり、どのような調査項目があるのかを確認していきます。社外のアンケートを確認することで、「どのようなことを聴取しているか（聴取できそうか）」「どの項目を＋αで聴取すると、差別化が図れそうか」などを考えることができます。

調査目的・仮説	調査項目（例）
✓ 自社サイト利用者と他社サイト利用者では、ターゲット、サイトの利用目的が異なるため、併用されていないのではないか？	● 直近1年間で利用したサイト ● 属性（性別、ライフステージなど） ● 各サイトの利用目的・利用シーン など
✓ 初回利用者と複数回利用者では、訴求ポイントを変えるべきではないか？ ✓ 初回利用者は「知名度」、複数回利用者は「使用後の持ちの長さ」で購入している。前面に「使用後の持ちの長さ」を訴求すべきではないか？	● 自社商品の利用回数 ● 自社商品の購入理由 ● カテゴリー商品購入時の重視点 ● 新しいパッケージデザインの評価 など
✓ 新製品が目標を下回ったのは、訴求した機能を消費者が重視しておらず、魅力に感じなかったからではないか？もしくは、機能は魅力があるが、他社との特徴の違いが伝わらなかったからではないか？	● 訴求機能の認知度／魅力度 ● 訴求機能の他社との違いの認識度 ● カテゴリー商品購入時の重視点 など

▶ 図4.3.1　調査目的・仮説を調査項目に分解する

① 社内外のアンケートを探す／参考にする

② 「比較軸」をもとに、抜け漏れがないかをチェックする

③ 「ビジネスフレーム」をもとに、抜け漏れがないかをチェックする

▶ 図4.3.2　調査項目の抜け漏れを防ぐ3つの視点

(2)「比較軸」をもとに、抜け漏れがないかをチェックする

　図4.3.3に、3.5で掲載した「リサーチ検討フレーム」を再掲しています。調査項目・仮説を調査項目に分解するとき、「③評価・指標」に関連する項目を中心に考えてしまい、「②調査対象者（比較軸）」に関する項目が抜け落ちてしまう人が多いです。調査企画で検討した比較軸も、忘れずに調査項目に含めるようにしましょう。

(3)「ビジネスフレーム」をもとに、抜け漏れがないかをチェックする

　調査項目の抜け漏れチェックには、ビジネスフレームの活用が有効です。3.4において、リサーチ課題の分解に役立つ「切り口」として、「ビジネスシステム」「ターゲット×顧客化（パーチェスファネル）」「ターゲットアプローチ」「5Eモデル」を説明しました。これらの切り口は、調査項目の抜け漏れチェックにも活用できます。

　本節では、上記以外で、筆者が調査項目を検討するときに、よく活用しているビジネスフレームを紹介します。ご自身の状況に応じて、使いこなしていただければと思います。

【フレーム1】消費者の購買意思決定プロセス

　1つ目は「消費者の購買意思決定プロセス」です。コトラーは、消費者が購買に至るプロセスを5段階で説明しています。筆者は、この5段階に「継続購入・廃棄」を追加して考えています（図4.3.4）。

　消費者が商品・サービスを購入するときは、外部／内部刺激からニーズに気づく「問題認識」から始まります。問題に気づいた後は、問題を解決するために解決案を探索する「情報探索」を行います。その後、探索した情報をもとに「評価行動」を行い、「購買決定」します。購買後は、使用を通じて「購買後の評価」を行い、継続購入もしくは廃棄に至る「継続購入・廃棄」の流れになります。

　購買意思決定プロセスは、商材で各ステップの強弱が異なる点に注意が必要です。食品・日用品などの最寄品は「情報探索」「購買後の評価」の重要度が低くなります。一方、高級ブランドや住宅などの専門品は「情報探索」「評価行動」の重要度が高くなります。

1. どの対象市場にリサーチするかを決める
2. 本調査を正しく答えられる人に絞る／比較する軸を決める
3. どのような項目（評価・指標）を聴取するかを決める
4. 欲しい結果（アウトプット）になっているかを確認する
5. 現状に変化をもたらすアクションを決める

▷ 図 4.3.3　リサーチ検討フレーム

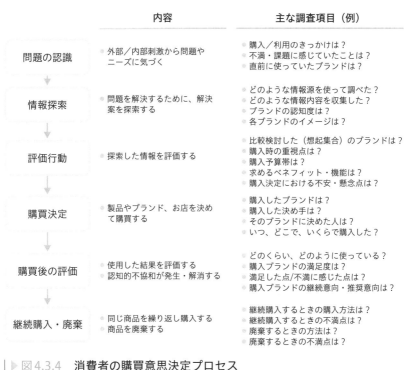

▷ 図 4.3.4　消費者の購買意思決定プロセス

● 【フレーム2】マインドフロー

2つ目は「マインドフロー」*2です。マインドフローはストラテジー＆タクティクスの佐藤義典氏によって提唱されたモデルです（図4.3.5）。

佐藤氏は、どのような商品・サービスでも、顧客（消費者）は「知って・買って・使って・気に入る」というプロセスを経てファンになることから、「認知→興味→行動→比較→購買→利用→愛情」の7つのプロセスから構成されるマインドフローを提唱しています。パーチェスファネルと同じく、どのステップで脱落しているかを把握することで、施策と連動させやすいのが特徴です。

マインドフローは「行動」「比較」といったステップがあることから、関与度（こだわり）が高い商材で活用しやすいフレームです。なお、「比較」の段階では、同じカテゴリーにおける比較検討だけでなく、カテゴリー外で比較検討した商品・サービスを聴取することで、マーケティング上の競合関係（同じニーズを満たすために用いられる全ての代替品・行為）を把握することができます。

● 【フレーム3】ブランド・カテゴライゼーション

3つ目は「ブランド・カテゴライゼーション」です。消費者が商品・サービスを購入するとき、どのようにブランドを絞り込んでいくかを示したプロセスになります（図4.3.6）*3。

具体的には、世の中に存在する全てのブランドである「入手可能集合」から、名前を知っている「知名集合」、特定の製品属性で評価する「処理集合」、購入を検討する候補である「想起集合」に絞り込んでいきます。想起集合（Evoked Set）に入らないブランドは購入されないため、想起集合はマーケティングにおける重要な指標になります。

アンケートでは、各ブランドを「商品・サービスの特徴まで知っている」「名前を知っている程度」「知らない（初めて知った）」などの選択肢で聴取することで、知名集合と処理集合をまとめて聴取することがあります。

また、「想起集合」から「第1位選択」のステップを聴取し、最後まで悩んだブランドを特定し、「購入するには物足りなかった理由」を聴取することで、具体的な改善点を把握することができます。

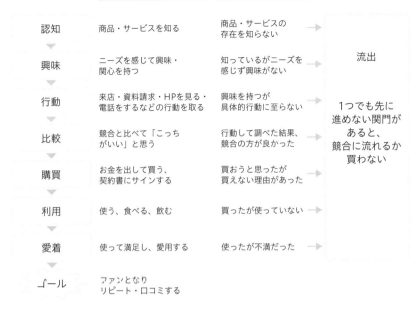

出典：佐藤義典『売れる会社のすごい仕組み 明日から使えるマーケティング戦略』青春出版社（2009）＊2

▶ 図4.3.5 マインドフロー（潜在顧客がファンになるまでの7つの関門）

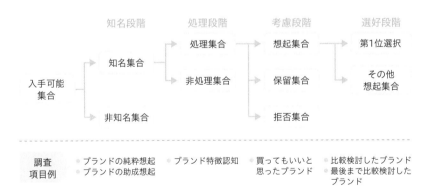

出典：（上図）J.E.Brisoux,E.J Cheron "Brand Categorization and Product Involvement" Advance in Consumer Research（1990）＊3
注：上図の日本語訳と破線より下の図は著者によるもの

▶ 図4.3.6 ブランド・カテゴライゼーション（ブランドの絞り込みプロセス）

【フレーム4】ブランド・エクイティ

4つ目は「ブランド・エクイティ」です。ブランドとは「顧客の中に蓄積された、商品・サービスに対するイメージや知識」を言います。ブランドは長期にわたり蓄積された資産であり、ブランド・エクイティをどのような視点で測定するかは、アンケートにおける重要な論点です。

アーカーは、著書『ブランド・エクイティ戦略 ― 競争優位をつくりだす名前、シンボル、スローガン』*4において、ブランド・エクイティを「ブランド、その名前やシンボルと結びついたブランドの資産と負債の集合である」と定義し、構成要素として、「ブランド・ロイヤルティ」「名前の認知」「知覚品質」「知覚品質に加えてブランドの連想」「他の所有権のあるブランド資産－パテント、トレードマーク、チャネル関係など」を指摘しています。最初の4つはブランド調査を実施する際に、広く聴取されています。

ケラーのブランド・エクイティ・モデル（CBBEモデル）

アーカーと並び、ブランド論の大家であるケラーは、著書『戦略的ブランド・マネジメント』*5のなかで、顧客ベースのブランド・エクイティ・モデル（CBBEモデル）を主張しています（図4.3.7）。

アーカーのブランド・エクイティが、比較的企業側に立った要素が強いのに対して、ケラーのブランド・エクイティ・モデルは、顧客視点からの要素が強い点が特徴です。ケラーは、ブランドの発展段階として、「アイデンティティ（認知）」「ミーニング（意味づけ）」「レスポンス（反応）」「リレーションシップ（共感）」の4つのレベルを設定し、レベルが上がるほどブランド・エクイティが高まるとしています。

さらに、ブランドの発展段階を6つに分解しており、調査項目を検討する際に活用できます。具体的には、（1）セイリエンス（様々な状況や環境で、どれくらい頻繁に、どれくらい簡単にブランドを思い出せるか）、（2）パフォーマンス（製品やサービスが、機能面の顧客ニーズをどの程度満たすか）、（3）イメージ（ブランドイメージ）、（4）ジャッジメント（ブランドに対する個人的な意見や評価）、（5）フィーリング（ブランドに対する消費者の感情的な反応）、（6）レゾナンス（ブランドに対して抱く心理的な絆の強さ・深さ、感情移入の度合い）から構築されています。

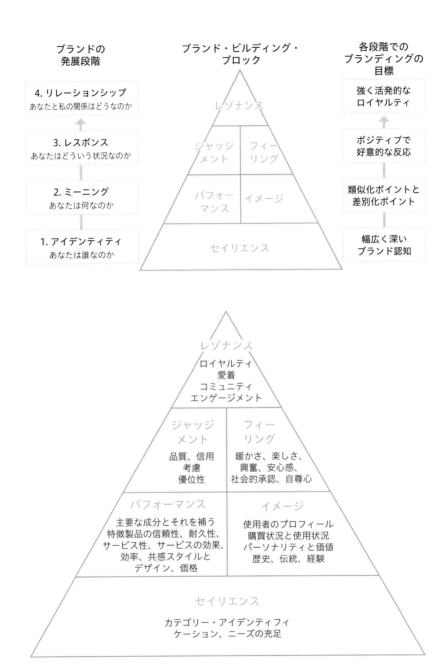

ブランドの
発展段階

4. リレーションシップ
あなたと私の関係はどうなのか

3. レスポンス
あなたはどういう状況なのか

2. ミーニング
あなたは何なのか

1. アイデンティティ
あなたは誰なのか

ブランド・ビルディング・
ブロック

レゾナンス

ジャッジ　　フィー
メント　　リング

パフォー　　イメージ
マンス

セイリエンス

各段階での
ブランディングの
目標

強く活発的な
ロイヤルティ

ポジティブで
好意的な反応

類似化ポイントと
差別化ポイント

幅広く深い
ブランド認知

レゾナンス
ロイヤルティ
愛着
コミュニティ
エンゲージメント

ジャッジ　　　　　　　フィー
メント　　　　　　　　リング

品質、信用　　　　　暖かさ、楽しさ、
考慮　　　　　　興奮、安心感、
優位性　　　　社会的承認、自尊心

パフォーマンス　　　　　　　　イメージ

主要な成分とそれを補う　　　　　使用者のプロフィール
特徴製品の信頼性、耐久性、　　　購買状況と使用状況
サービス性、サービスの効果、　　パーソナリティと価値
効率、共感スタイルと　　　　　　歴史、伝統、経験
デザイン、価格

セイリエンス

カテゴリー・アイデンティフィ
ケーション、ニーズの充足

出典：ケビン・レーン・ケラー、恩藏 直人訳『戦略的ブランド・マネジメント 第3版』東
急エージェンシー（2010）*5

▶ 図4.3.7　顧客ベースのブランド・エクイティ・モデル（CBBE モデル）

＜ STEP2 ＞
調査項目の整理・絞り込み

時代に合わせたアンケートを実施する

　調査目的・仮説を調査項目に分解した後は、「調査項目の整理・絞り込み」を行います。調査項目を洗い出していくと、当初想定していたボリュームを超えることが多いです。また、似たような内容を聞いている質問も複数出てきます。そこで、全体の調査項目数や活用イメージを想定しながら、調査項目の整理・絞り込みを行います。

　調査項目の整理・絞り込みに先立ち、日本マーケティング・リサーチ協会が、2020年に発表した『インターネット調査品質ガイドライン（第2版）』*6 を参考に、調査会社のアンケート会員（モニタ）の回答状況を理解しておきましょう。

●「外出先のスマホ」で回答する「ながら回答者」の増加

　日本マーケティングリサーチ協会が実施した調査（2019年）では、調査会社のアンケート会員（モニタ）のうち、10～20代の8割以上がスマホでインターネット調査に回答しています（図4.4.1）。50代もスマホでの回答割合が40%を超えており、現在はさらに高い割合と推測されます。

　スマホ回答者の増加とともに、回答シーンの多様化が進んでいます（図4.4.2）。「アンケートを回答する場所（複数回答）」の結果を見ると、「家の中」が9割台と高い一方で、スマホ回答者は「勤務先や学校」「電車・バスの中」「駅・バス停」などで回答する人が、それぞれ2～3割存在します。

● スマホ回答者は、PC回答者よりも「短い回答時間」を望む

　図4.4.3に、「1回当たりのアンケートに回答してもよいと思う時間」の結果を掲載しています。PC回答者、スマホ回答者ともに「10分以内」が7～8割台になっています。PC回答者よりもスマホ回答者のほうが短い回答時間を望む傾向が見られます。

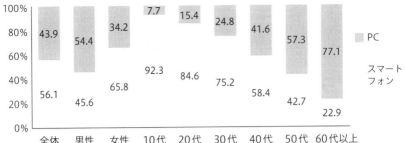

JMRA インターネット調査品質委員会調べ
出典：日本マーケティング・リサーチ協会『インターネット調査品質ガイドライン（第2版）』＊6

▶ 図4.4.1　**主要調査会社のアンケート回答時の性別・年代別デバイス比率（2019年）**

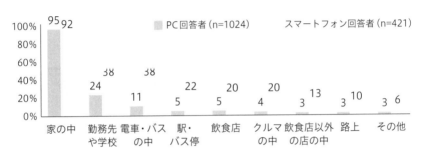

クロス・マーケティング調べ。実施時期：2015年7月
出典：日本マーケティング・リサーチ協会『インターネット調査品質ガイドライン（第2版）』＊6

▶ 図4.4.2　**アンケートに回答する場所（複数回答）**

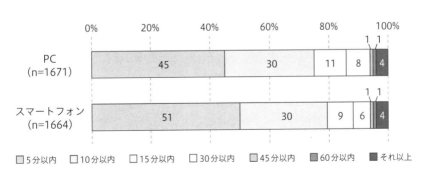

インテージ調べ
出典：日本マーケティング・リサーチ協会『インターネット調査品質ガイドライン（第2版）』＊6

▶ 図4.4.3　**1回のアンケートで回答してもよいと思う時間の割合**

　図4.4.4に、「本調査の設問数別離脱率」の結果を掲載しています（本調査の説明は2.4参照）。設問数が20問程度（回答所要時間：約10〜15分）になると、離脱率が10%を超える場合があります。脱落率が高いことは、一部の回答者が欠けることによる生存者バイアスの発生につながります。

　一人当たりの設問数を20問程度に抑える、どれだけ多くても30問以内にするようにしましょう（回答者の心理的負荷は、回答形式によっても変わります。これは4.6で取り上げます）。

調査項目を整理・絞り込む際の視点

　調査目的・仮説を明確にし、必要最低限の調査項目に絞ることは、精度の高いアンケートを実施するための必要条件です。図4.4.5に、調査項目を整理・絞り込む際の視点を掲載しています。

　1つ目は「内容が重複している調査項目がないか？」です。例えば、（1）リピート関連質問（継続利用意向、他人推奨意向など）、（2）違いがわかりにくい理由質問（継続利用理由、愛着を感じている理由など）、（3）コンセプト評価の評価項目（必要性、自分向けなど）、などがあります。これらの質問のうち、片方の質問を削除できないかと検討します。

　2つ目は「調査目的に対して、必要性が低い／なくても結論に問題がない質問がないか？」です。3.3で、リサーチは「重要であるが、わかっていない・知らないといけないことを明らかにすることが大事である」と説明しました。そこで、調査前からわかっている（答えが想像できる）質問において、クロス軸（集計軸）で必要な質問、削除するとデータ分析の流れで問題が発生する質問以外を削除できないかを検討します。

　3つ目は「同じ質問パターンを繰り返している場合、聴取パターン数を減らせないか？」です。ブランドごとに4〜5問を繰り返し聴取する場合、ブランドが4つあると、16〜20問になります。質問するブランドを、最も利用している、2番目に利用しているブランド絞ることで、質問数が大幅に減少します。

　4つ目は「回答形式をシンプルにできないか？」です。どうしても質問を

削除できない場合は、回答負荷が高いMAマトリクス、SAマトリクスを複数回答などに変更できないかを検討します（回答形式は4.6を参照）。

　ここまで検討しても、質問数が多すぎる・回答負荷が高すぎる場合は、1回の調査における調査目的が多すぎる（欲張りすぎている）可能性があります。その場合は、調査を2回に分割することを検討しましょう。

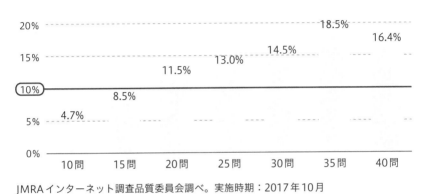

JMRAインターネット調査品質委員会調べ。実施時期：2017年10月
出典：日本マーケティング・リサーチ協会『インターネット調査品質ガイドライン（第2版）』*6

▶ 図4.4.4　本調査の設問数別離脱率

① 内容が重複している調査項目がないか？

② 必要性が低い／なくても結論に問題がない質問がないか？

③ 同じ質問パターンを繰り返している場合、聴取パターン数を減らせないか？

④ 回答形式をシンプルにできないか？

上記を検討しても、
質問数が多い・回答負荷が
高い場合は……

1回の調査における調査目的が多すぎる（欲張りすぎている）可能性がある。
調査を2回に分割することも検討する。

▶ 図4.4.5　調査項目を整理・絞り込む際の視点

107

＜STEP3＞
調査項目の質問順序の決定

「たかが質問順序」と侮ってはいけない

　調査項目の絞り込みを終えた後は、「調査項目の質問順序」を検討します。どのような順番だと、回答者が回答しやすいか、順番によるバイアスが生じにくいかを考えていきます。

　図4.5.1に、「スーパー利用に関するアンケート」で、2つの質問順序を掲載しています。質問文、選択肢を同じとした場合、どちらのほうが回答しやすいでしょうか？ 勉強会で質問すると、多くの方が「パターン2」を選びます。同じ内容でも回答のしやすさに違いがあることを認識しましょう。

　インターネット調査では、回答結果から分岐条件を制御できるように「1画面1設問」の形式が多いです。また、一度回答すると、「戻る機能」を使うことができないケースが多いです。そのため、回答者がイメージしやすい（混乱させない）ように質問順序を決めることは非常に重要です。

●「アンカリング効果」を意識して質問順序を考える

　質問順序を検討するときは「アンカリング効果」を意識します。アンカリング効果とは、「前の質問が、その後の質問の回答に影響を及ぼす効果」のことを言います。「キャリーオーバー効果」とも言われます。

　図4.5.2の例で説明します。「健康に関するアンケート」のタイトルが、調査全体にアンカリング効果を及ぼします。このタイトルの場合、健康意識が高い人がアンケートを回答する可能性が高いだけでなく、「健康に良いことを無意識に高く評価する」可能性も否定できません。「買い物に関するアンケート」などに変更する必要があります。

　Q1とQ2は調査目的により、アンカリング効果の有無が分かれます。主な調査目的が、Q1の購入意向の把握ならば問題ありませんが、Q2の重視点の把握が主な調査目的の場合、タイトルとQ1がアンカリング効果になり、「ヘルシーな素材を使っている」の回答を押し上げる可能性があります。

【スーパー利用に関するアンケート】

 質問文、選択肢が同じと仮定して、以下の2つの並び順で回答しやすいのはどちらですか？

パターン1

スーパーを利用する【時間帯】
↓
スーパー利用時の【購入金額】
↓
スーパーを利用する【頻度】
↓
スーパーを利用する【曜日】
↓
スーパーを選ぶ際の【重視点】

パターン2

スーパーを利用する【頻度】
↓
スーパーを利用する【曜日】
↓
スーパーを利用する【時間帯】
↓
スーパー利用時の【購入金額】
↓
スーパーを選ぶ際の【重視点】

▶ 図4.5.1 調査項目の並び順で「回答のしやすさ」が変わる

【健康に関するアンケート】

Q1. ○○は、健康によい材料を厳選したヘルシーなピザです。あなたは、このピザをどの程度購入してみたいですか。

○○の特徴

1. 非常に購入したい
2. 購入したい
3. どちらともいえない
4. 購入しようと思わない
5. 全く購入しようと思わない

Q2. あなたが、市販のピザを購入するときに、重視する点をすべてお選びください。

1. 有名なブランドである
2. 好きな味である
3. ヘルシーな素材を使っている
4. 価格が手頃である
5. ……

< タイトル（アンケート名）>

● 健康に関心がある人がアンケートに答えやすい
● 「健康によいことを答えてほしい」とのメッセージになり、Q1の購入意向を引き上げる可能性がある

< Q1とQ2 >

● Q1の特徴が魅力的な場合、Q2の回答で「ヘルシーな素材を使っている」のスコアが高くなる可能性がある
● Q1の購入意向の把握が主な調査目的の場合は、Q1→Q2の順番で問題ない
● Q2の重視点の把握が主な調査目的の場合は、Q1がアンカリング効果が発生するため、Q2→Q1の順に変更する

▶ 図4.5.2 「アンカリング効果」を意識して質問順序を考える

悪用厳禁！アンカリング効果を利用して、ロイヤルティ要素を引き出す

本来は、アンカリング効果が発生しないように質問順序を検討することが重要です。一方で、アンカリング効果を利用して、回答者の意識を整理／学習させ、普段よりも深く考えさせることも可能です。

機能的ベネフィットでは差別化が難しい現在、ロイヤル顧客が感じる価値を再評価し、ビジネスに活用したいニーズは多いです。そこで、アンカリング効果と投影法（4.7参照）を活用して、サービスのロイヤルティ要素を抽出したアンケート調査を紹介します（図4.5.3）。

自社サービスに愛着を感じている方を対象に、アンケートの前半で、サービス利用前後の変化、なくなったときの心理状況などを聴取し、自社サービスとの関係性を整理させます。その状況下で、投影法によるロイヤルティ要素を抽出しました。お客様からは「自社サービスがこのような見られ方をしていたとは想像できなかった」との声を頂きました。

この事例では、ロイヤルティ要素を抽出した後、アンケートを再度実施して定量的な評価を行っています。バイアスのかかったデータでの意思決定は厳禁です。アンカリング効果も活用次第であるという事例です。

「順序バイアス」を意識して調査項目を設定する

調査項目の質問順序を検討するときは、「順序バイアス（順序効果）」も意識することが大事です。順序バイアスとは「質問や選択肢の順番が回答に影響を与える現象」を言います。

順序バイアスの代表例は、「コンセプト評価」「パッケージ・デザイン評価」など、複数の提示物を評価するときです。複数の提示物がある場合、最初に見た提示物を基準に、残りの提示物が評価されていきます。これを防ぐには、提示物がランダマイズ表示されるように設定するか、対象者を複数グループに分けて、「A→B→C」「B→C→A」「C→A→B」といったようにローテーションで提示するようにします（図4.5.4）。

商品・サービスの価格別購入意向を聴取する場合も、順序バイアスが発生します。人は利益を得る喜びよりも、損する苦痛のほうが2倍以上強いというプロスペクト理論に基づき、「高価格→低価格」による購入意向よりも、「低価格→高価格」による購入意向のほうが評価は低くなります。

自社サービス利用者が「どのような点に惹かれて／魅力を感じて利用しているか」を情緒的な側面から引き出したい。

調査対象者：自社サービス利用者を複数回利用し、サービスに愛着を感じている方

＜調査の流れ＞

> サービスの利用回数
> ↓
> サービス利用前後の利用シーン
> ↓
> サービスで気に入っている点
> それが実現すると嬉しいこと
> ↓
> サービスがなくなったときの困り度
> ↓
> 投影法による
> ロイヤルティ要素の聴取

＜質問の設定意図＞

- 「利用回数」を回答することで、多く使っている事実を再確認させる
- 「サービス利用前後の利用シーン」を対比させることで「いいサービスである」と再認識させる

- 「気に入っていること、嬉しいこと」の質問から幅広い視点でサービスを俯瞰させる
- 「なくなったときの困り度」で、その必要性を認識させる

- 第三者に投影させることで、サービスのロイヤルティを表出させる（4.7参照）

▶ 図4.5.3　アンカリング効果を利用して、ロイヤルティ要素を引き出す

5種類の商品パッケージ画像を示し、質問ランダマイズの設定有無で、購入意向を比較。

Q.あなたはこの商品を、どの程度
　購入したいと思いますか？
　（単一回答）

（ウェイト値）

1. 購入したい　　　　… （+2）
2. やや購入したい　　… （+1）
3. どちらともいえない … （ 0）
4. あまり購入したくない … （−1）
5. 購入したくない　　… （−2）

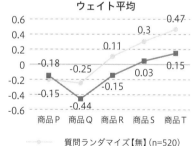

ウェイト平均

質問ランダマイズ【無】(n=520)
質問ランダマイズ【有】(n=520)

出典：マクロミル 品質管理ポリシー『質問ランダマイズの効果』＊7

▶ 図4.5.4　質問ランダマイズで順序バイアスを低減させる

調査項目の質問順序を決める際の留意点

図4.5.5に、調査項目の質問順序を考える際の留意点を掲載しています。

● 最初は「簡単に回答できるやさしい設問」から入る

最初は「簡単に回答できるやさしい、差し障りのない質問」から入ります。いきなり考えさせる質問から入ると、回答負荷が高まります。ただし、フルコンセプト評価調査などの場合、バイアスを避ける／他の調査と比較できるように、第1問から「コンセプト案」を提示することもあります。

● その後は「答えやすいテーマ→複雑なテーマ」「時系列」を意識する

導入後は、「答えやすいテーマから始めて、複雑なテーマに移る」ことを意識して、調査項目の順番を検討していきます。

具体的には、(1) 一般的な質問から始めて、個別の具体的な質問に入っていく、(2) カテゴリー全体の利用状況を聞いてから、個別ブランドを聴取していく、(3) 客観的な事実に関する「答えやすい質問」から始めて、意見・評価など「答えにくい」質問に入っていく、などです。

また、時系列の流れ（過去→現在→未来、認知→購入→使用→評価）を意識すると、回答者の負荷が軽減されます。

● 総合評価は「感性評価は先、客観的評価は後」が一般的

総合評価（総合満足度など）は、評価する対象で使い分けます。一般的には、感性評価は先、客観的評価は後にすることが多いです。

感性評価とは、テレビCMなど、感情や直感で判断するものに対する評価を言います。直感を重視するため、最初に「全体の印象はいかがでしたか？」と聴取した後、理解度、印象に残った点などの個別評価に移ります。

客観的評価とは、パソコンや自動車など、機能・仕様面が重視されるものに対する評価を言います。多くの視点が検討されるため、最初に個別評価（デザイン、機能など）を聞いた後に、最後に「全体として、どの程度満足していますか？」と総合評価を聴取します。ただし、個別評価がバイアスになることを考慮し、総合評価を最初に聴取するケースもあります。

● 重要な質問は疲れる前に聞く

　調査で最も聞きたいことは、回答者が疲れてしまう前に聞くように意識します。後半に行くほど、回答精度が落ちるためです。図4.4.4の「本調査の設問数別離脱」では、20問を超え始めると離脱率が10%を超えています。重要な質問はその前に聞いておきましょう。

● 話題を変えるときはリード文で知らせる

　調査会社が提供するインターネット調査では、「戻る機能」が使えないことが多いです。回答者が知らない間に話題が変わっていた場合、誤認した回答で制御された質問が表示されてしまいます。話題が変化するときは、「ここからは、○○について、お伺いします」などリード文を置きましょう。

順番	留意点
① 導入	✓ 簡単に回答できるやさしい、差し障りのない質問から入る
② メイン	✓ 答えやすいテーマから始めて複雑なテーマに移る ✓ カテゴリー全体→個別ブランド、事実→意識の流れにする ✓ 時制の流れ（過去→現在→未来）、論理的な流れ（認知→購入 →使用→評価）に逆らわない ✓ 総合評価と個別評価は状況で使い分ける（一般的には） 　・感性評価（CMなど感情や直感で判断）→ 総合評価は「先」 　・客観的評価（機能・仕様を重視）→ 総合評価は「後」 ✓ 重要な質問は、回答者が疲れてしまう前に聞くように意識する ✓ 話題が変化する場合は、「ここからは、○○について、お伺いします」などリード文を置く
③ 最後	✓ 属性関連（性別、年齢、世帯年収、同居家族形態など） ※分岐条件に用いる場合は、導入部分で聴取することもある

▶ 図4.5.5　質問順序を決める際の留意点

＜STEP4＞
調査項目の回答形式の検討

代表的な回答形式を理解する

調査項目の順番が決まった後は、各調査項目の回答形式を検討します。図4.6.1、図4.6.2をもとに、よく用いられる回答形式を説明します。

● 回答形式の基本は「単一回答（SA）」「複数回答（MA）」

単一回答（SA）とは、「あてはまるものを1つ選ぶ」回答形式です。性別や年代などの属性質問、満足度や魅力度、購入意向などの評価質問、使用頻度や購入頻度などの頻度質問などで用いられます。

複数回答（MA）とは、「あてはまるものを全て選ぶ」回答形式です。ブランドの認知度をはじめ、商品の購入きっかけ、購入場所、使用シーン、重視点、購入理由、満足点、意識設問などで多く活用されています。

複数回答の中でも、「重視するものを最大3つまで」など、回答する選択肢数を制限する「LA（リミテッドアンサー）」を設定することも可能です。

● 知っておくと便利な「順位回答」「割合回答」

順位回答とは、「選択肢の中から順位を付けて回答する」形式です。好きなブランドの順位、複数ブランドにおける使用頻度の順位、購入理由の順位などで活用することが多いです。

割合回答とは、「項目の合計が100％になるように配分する」回答形式です。複数ブランドの利用割合、購入重視点の重視割合、ボーナスの使途などを聴取することが多いです。また、各コンビニの利用割合を聴取し、1つでも50％を超えるコンビニがある方を「特定コンビニ利用者」、全て49％以下の方を「複数コンビニ併用者」として分析することもできます。

● MAとSAを組み合わせた「MASAマトリクス」

　MASAマトリクスとは、「複数回答と単一回答をマトリクス形式で聴取する」回答形式です。実務での利用頻度は高いです。単一回答をLA（リミテッドアンサー）にすることもあります。

単一回答（SA）

あてはまるものを1つ選ぶ

今のあなたの身の回りの景気は良いと
思いますか。悪いと思いますか。

1. 良い
2. やや良い
3. どちらともいえない
4. やや悪い
5. 悪い

複数回答（MA）

あてはまるものをすべて選ぶ。回答個数の制限も可能

あなたがご存知の自動車メーカーをすべてお選びください。

1. トヨタ自動車
2. 日産自動車
3. 本田技研工業
4. スズキ
5. ・・・

順位回答

選択肢の中から順位を付けて回答する

以下の自動車メーカーの中で、あなたが
好きなメーカーを順番に3つお選びください。

1. トヨタ自動車
2. 日産自動車
3. 本田技研工業
4. スズキ
5. ・・・

1位：【　　　】
2位：【　　　】
3位：【　　　】

割合回答

項目の合計が100％になるように回答する

あなたが普段利用するコンビニの割合について、
合計が100％になるようにご記入ください。

1. セブン-イレブン	【　　】	％
2. ローソン	【　　】	％
3. ファミリーマート	【　　】	％
4. ミニストップ	【　　】	％
5. ・・・	【　　】	％
合計	【　　】	％

MASAマトリクス

複数回答と単一回答をマトリクス形式で回答する

あなたが利用しているコンビニをすべてお選びください。
その中で、最も利用しているコンビニを1つお選びください。

→	セブン-イレブン	ローソン	ファミリーマート
利用している コンビニ（すべて）	□	□	□
最も利用している コンビニ（1つ）	○	○	○

▶ 図4.6.1　**アンケートで使う回答形式（1）**

115

◉ 選択肢が同じ場合は「マトリクス質問」でまとめる

　マトリクス質問とは、「同じ選択肢の場合、一度にまとめて表形式で聴取する」回答形式です。回答形式によって、SAマトリクス、MAマトリクス、対マトリクスがあります。

　SAマトリクスとは、「同じ選択肢で、項目ごとに1つ選ぶ」回答形式です。図4.6.2に示すように、(1) 重視度や満足度を段階で聴取する、(2) 意識・態度を「あてはまる」～「あてはまらない」で聴取する、(3) 複数ブランドの認知・利用経験などを1問で聴取するなどの使い方が多いです。

　MAマトリクスとは、「同じ選択肢で、各項目であてはまるものを全て選ぶ」回答形式です。ブランドのイメージ評価で用いられることが多いです。

　対マトリクスとは、「AとBなど、対極の項目を設定し、いずれか1つを選ぶ」回答形式です。対マトリクスを用いるときは、左右の選択肢が対になっていることが大事です。左右の選択肢が対になりにくい場合は、SAマトリクスで聴取するほうが無難です。

◉「自由回答」は目的をもって使う

　自由回答とは、「選択肢形式ではなく、質問に対して回答者が自由に文章や単語で記入する」回答形式です。オープンアンサー（OA）、フリーアンサー（FA）とも言われます。

　調査票を作成する側は、選択肢を考える必要がないため作成の負担が少ない一方で、回答者の回答負荷が大きくなります。そのため、自由回答は目的をもって使うことが重要です。

　自由回答は、(1) 単語（もしくは1文）で記述する形式、(2) 長文形式で記述してもらう形式、に分かれます。

　前者は、「ブランドの純粋想起」「ブランドの自由連想」で活用されることが多いです。純粋想起とは「何のヒントもなく、○○（カテゴリー名）と聞いて思いつくブランド」のことです。図4.6.2に示すように、複数の回答欄を設けて記入してもらいます。ブランドの自由連想は「ブランドと聞いて思い浮かぶこと」を自由に記述してもらう方法です。

　後者は、「使っている商品の不満点」「コンセプトの購入意向の理由」「総合評価の理由」「投影法」などで活用されることが多いです。また、商品・サー

ビスを選ぶ際の重視点を起点に、ラダーアップ（それがあると何が嬉しいのか？）、ラダーダウン（それを満たすためには、商品・サービスがどうなっているといいのか？）を繰り返していく評価グリッド法でも、自由回答は活用されています。

SAマトリクス

同じ選択肢で、各項目で1つ選ぶ

あなたは、主に利用しているスマホについて、どの程度満足していますか。

→	非常に満足	やや満足	どちらともいえない	やや不満	非常に不満
サイズ	○	○	○	○	○
操作性	○	○	○	○	○
デザイン	○	○	○	○	○

MAマトリクス

同じ選択肢で、各項目であてはまるものをすべて選ぶ

以下の自動車メーカーについて、あてはまるイメージをすべてお選びください。

→	信頼できる	センスが良い	技術力が高い	先進的である
トヨタ自動車	☐	☐	☐	☐
日産自動車	☐	☐	☐	☐
本田技研工業	☐	☐	☐	☐

対マトリクス

対極の項目を設定し、いずれか1つ選ぶ

このデザインについて、AとBのどちらのイメージが強いですか。

A	Aである	どちらともいえない	Bである	B
明るい	○	○	○	暗い
人工的な	○	○	○	自然な

自由回答（OA、FA）※単語

単語（もしくは1文）で記述する形式

「コンビニ」と聞いて、あなたが思い浮かぶものを、思い浮かんだ順番に、ご記入ください。

1つ目　　回答欄

2つ目　　回答欄

自由回答（OA、FA）※長文

長文形式で記述してもらう形式

あなたが、主に利用しているスマホについて、不満に感じている点をご記入ください。

回答欄

▶ 図4.6.2　アンケートで使う回答形式（2）

同じ内容を質問しても、
回答形式が異なるとスコアが異なる

　実は、同じ内容の質問であるにもかかわらず、回答形式が異なるとスコアが異なるケースがあります。

　図4.6.3の「チューハイを選ぶ際の重視点」をもとに、複数回答、SAマトリクスの2つの回答形式を回答してみましょう。回答すると気づきますが、複数回答では重視しなかった（＝選ばなかった）選択肢が、SAマトリクスでは、重視する（選択肢1・2）になっているケースがあると思います。

　商材によっては、「重視する」の割合が、SAマトリクス：7割、複数回答：2割といったケースもあります。複数回答は、明確に意識している選択肢が選ばれる傾向があります。

● 回答形式で回答負荷が大きく異なる

　では、全ての質問をSAマトリクスで聴取したらいいのでは？　と感想を持った方もいると思います。一方、図4.6.3を回答すると、SAマトリクスは回答負荷が多く、回答するのが面倒に感じた方もいたと思います。

　図4.6.4に、「質問形式別1問当たりの回答所要時間（中央値）」を掲載しています。SAマトリクスは10項目で1分ほどになるため、図4.6.3では1分以上かかります。4.4で説明したように、回答所要時間が約10〜15分を目安とすると、マトリクス質問だけで構成するのは限界があります。

　マトリクス質問は、選択肢間の強弱が付きやすく、データ分析に有益な回答形式です。一方、回答負荷が高く、項目数が増えると、適当に回答される可能性が高まります。

● マトリクス質問を使うシーン

　マトリクス質問を使うのは、(1) 選択肢間の強弱を付けたい／クロス軸（集計軸）に設定したいなどの優先度が高い質問、(2) 該当質問の回答結果から他質問の分岐が発生する質問（例：ブランド認知→ブランド購入経験への遷移）、(3) 統計解析のために必要な質問、などの明確な理由があるときに活用します。なお、時系列で聴取している場合は、回答形式を変更すると、数字が大きく変動するため、原則固定するようにします。

	複数回答（MA）
Q.	あなたが、チューハイを買うときに、重視するものをすべてお選びください。

- ☐ 1 フレーバー
- ☐ 2 果汁感
- ☐ 3 爽快感
- ☐ 4 アルコール度数
- ☐ 5 甘味がある
- ☐ 6 後味がよい
- ☐ 7 カロリー・糖質が低い
- ☐ 8 食事と合わせやすい
- ☐ 9 高級感がある
- ☐ 10 価格が手頃である
- ☐ 11 ネーミングがよい
- ☐ 12 パッケージがよい
- ☐ 13 季節限定商品である
- ☐ 14 広告でよく見かける
- ☐ 15 売場で目立っている

SA マトリクス

Q. あなたが、チューハイを買うときに、以下の項目はどの程度重視しますか。

		非常に重視する	重視する	どちらともいえない	重視しない	全く重視しない
1	フレーバー	○	○	○	○	○
2	果汁感	○	○	○	○	○
3	爽快感	○	○	○	○	○
4	アルコール度数	○	○	○	○	○
5	甘味がある	○	○	○	○	○
6	後味がよい	○	○	○	○	○
7	カロリー・糖質が低い	○	○	○	○	○
8	食事と合わせやすい	○	○	○	○	○
9	高級感がある	○	○	○	○	○
10	価格が手頃である	○	○	○	○	○
11	ネーミングがよい	○	○	○	○	○
12	パッケージがよい	○	○	○	○	○
13	季節限定商品である	○	○	○	○	○
14	広告でよく見かける	○	○	○	○	○
15	売場で目立っている	○	○	○	○	○

同じことを聞いているのに、回答形式を変えたら、「重視する」の割合が半分以下になってしまった……

▶ 図 4.6.3　**同じ質問内容でも、回答形式が違うとスコアが異なる**

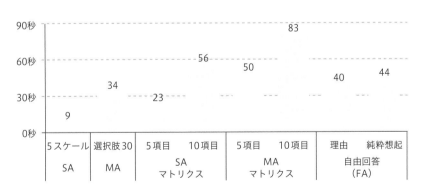

JMRA インターネット調査品質委員会調べ。実施時期：2017 年 10 月
出典：日本マーケティング・リサーチ協会『インターネット調査品質ガイドライン（第 2 版）』 [6]

▶ 図 4.6.4　**質問形式別 1 問当たりの回答所要時間（中央値）**

実態を正しく測定しつつ、「意図的に差をつける」

　回答形式を検討するときは、「実態を正しく測定する」ことが大前提ですが、データ分析を意識して「意図的に差を付ける」ことも重要です。実務で気を付けたいケースを3つ紹介します。

●「MASAマトリクス」「MALAマトリクス」で差をつける

　コンビニの利用実態を把握する例で説明します。最初に、実態を測定するために「普段利用しているコンビニ」を複数回答で聴取します。大半の人が「セブン-イレブン」「ローソン」の両方のコンビニを選択したとします。

　調査終了後に、各コンビニ利用者の特徴を分析しようとしたら、大半の人が両方を選んでいたため、ほぼ同じ結果になってしまいました。そこで、セブン-イレブン主利用者、ローソン主利用者に分けて分析しようと思い立ちますが、複数回答では判別できません。実務でよくあるケースです。

　このときは、MASAマトリクスで「主に利用するコンビニ」も聴取しておきます。複数回答で「実態を正しく把握」し、単一回答で「各コンビニの主利用者を判別」することで、目的に合わせた分析が可能になります。

　なお、選択肢数が多い場合、単一回答の回答が分散し、スコアが一番高い選択肢でも10%程度になることがあります。そのようなときは、単一回答ではなく、「最大3つまで」といったLAで聴取することを検討します。

●「複数回答（MA）」の落とし穴を「割合回答」でカバーする

　消費者は特定のカテゴリーでも、複数のブランドを利用しています。その場合、複数回答だと「利用した／利用していない」の利用率しかわからず、利用シェアはわかりません。その場合は、割合回答をもとにブランドの利用割合を聴取することで、「利用率」と「シェア」の両方を把握できます。

● 複数の評価物を「絶対評価」と「相対評価」で使い分ける

　複数の評価物（ネーミング、パッケージなど）を評価するとき、各評価物の結果に差がなく、どれを採用すべきか悩むことがあります。その場合は、評価物自体の受容性（例：魅力度）を「絶対評価」、最も受容性が高い評価物を「相対評価」で聴取することで、評価物の優先順位が判断できます。

MASAマトリクス、MALAマトリクス
を使い分ける

＜基本＞

あなたが利用しているコンビニをすべてお選びください。その中で、最も利用しているコンビニを1つお選びください。

→	セブンイレブン	ローソン	ファミリーマート
利用している コンビニ（すべて）	☐	☐	☐
最も利用している コンビニ（1つ）	○	○	○

＜応用＞

あなたが、現在利用している商品に決めた理由をすべてお選びください。その中で、特に強い理由を最大3つまでお選びください。

→	理由1	理由2	理由3
決めた理由 （すべて）	☐	☐	☐
特に強い理由 （3つまで）	☐	☐	☐

 コンビニ各社の利用者の特性を分析しよう！複数回答だと、回答者が重複して傾向が見えない……

SA（最も利用するコンビニ）を聴取して、対象者を分類する

 自社の強み（≒最も強い理由）を明確にしよう！単一回答だと、選択肢数が多くて、最も高い選択肢でも10％だった……

選択肢数が多い場合、LA（回答個数制限）で優先順位を付けやすくする

 「MA」と「割合回答」を使い分ける

＜MA＞

あなたが、普段利用しているコンビニをすべてお選びください。

1. セブンイレブン
2. ローソン
3. ファミリーマート
4. ミニストップ
5. …

＜割合回答＞

あなたが普段利用しているコンビニの割合について、合計が100％になるようにご記入ください。

1. セブンイレブン　【　】％
2. ローソン　【　】％
3. ファミリーマート　【　】％
4. ミニストップ　【　】％
5. …　【　】％
合計　【　】％

 コンビニの利用率に加えて、利用シェアを出したい！複数回答だと、「1」「0」データで、シェアが出せない……

割合回答で聴取し、シェアを算出。1％以上の選択肢を「利用あり」として利用率を算出する

 「絶対評価」と「相対評価」を使い分ける

＜絶対評価＞ 1つずつ、魅力度を評価してもらう

パッケージ P	パッケージ Q	パッケージ R

＜相対評価＞ コンセプトの中で、最も魅力的なものを1つ選ぶ

パッケージ P、Q、R

 最も魅力的なパッケージを明らかにしたい！絶対評価のスコアが近くて、どれを採用するか判断できない……

それぞれの魅力度を絶対評価で確認した上で、「最も魅力的なもの」を1つ選ぶ相対評価を行う

▶ 図4.6.5　実態を正しく測定しつつ、「意図的に差をつける」

自由回答は「回答を取得したい粒度を意識する」

　自由回答を「長文形式」で聴取すると、回答負荷が高い割に、有益な結果が得られないことがあります。自由回答で「商品の不満点」を聴取したが、選択肢形式と同じような回答しか得られなかったケースなどです。自由回答は、曖昧に聞くと曖昧な答えが返ってきます。

　自由回答は、「回答を取得したい粒度に合わせて聴取する」ことが重要です。図4.6.6の一戸建て住宅の例で説明します。「一戸建て住宅を建てたときに、何にこだわりましたか？」と自由回答で聴取すると、「間取り、キッチン、……」などのありきたりな結果が多くなります。

　そこで、「間取り」「キッチン」までは選択肢形式で聴取し、「間取り」と回答した人に、「間取りについて、どのような理由から、どこにこだわりましたか？」と聞くと、「家族団らんをしたく、広いリビングにこだわった」「リビングを中心とした動線で、コミュニケーションを増やしたかった」などの詳細な回答が得られます。どのような回答が返ってくるかを意識して、適切な粒度で聴取することが重要です。

このタイミングで「調査項目シート」で整合性を確認する

　STEP4のタイミングで、図4.6.7に示すような調査項目シートで整理することをお勧めします。調査項目シートとは、調査目的／調査対象者条件／調査項目／回答者条件／回答形式／選択肢イメージを整理したものです。

　調査項目シートを作成することで、（1）調査対象者を抽出できる調査項目・回答形式になっているか、（2）回答しやすい項目の順番になっているか、（3）アンカリング効果が生じていないか、（4）選択肢イメージから、1つの質問で聴取できるか／質問を分割したほうがよいか、（5）統合して聞ける質問はないか、（6）クロス軸の候補となる質問の回答形式に問題がないか、（7）全体のボリュームに問題がないか、などを確認することができます。

　筆者は、調査項目シートをもとに、関係者との合意を取るようにしています。調査項目シートを作成することで、STEP5の質問文・選択肢の作成が非常にスムーズになります。

一般的な自由回答	粒度を絞り込んだ自由回答

一般的な自由回答

Q.あなたが、住宅を購入するときに、こだわったことを、ご記入ください。

```
回答欄
```

- 間取りが広いこと
- リビングが広いこと
- 使いやすいキッチン
- 外観のデザインが良いこと
……

選択肢を提示した場合と、あまり変わらないな……自由回答で聴取した意味あったのか？

粒度を絞り込んだ自由回答

Q.あなたが、住宅を購入するときに、こだわった点（全て）と、最もこだわった点（1つ）をお選びください。

→	間取り プランニング	外観 デザイン	キッチン	リビング
こだわった点 （すべて）	□	□	□	□
最もこだわった 点（1つ）	●	○	○	○

Q.あなたが、住宅を購入するときに、最もこだわった【回答内容を代入（例：間取りプランニング）】について、こだわった点を、理由も合わせて具体的にご記入ください。

```
回答欄
```

- 家族団らんをしたく、広いリビングにこだわった
- 暮らしやすく、住みやすい間取りにしたかった
- 子供の成長に合わせてレイアウトを変えやすいことが大事
- リビングを中心とした動線で、コミュニケーションを増やしたかった
- プライバシーを確保できるような部屋数にしたかった
……

間取りプランニングに、こういう価値を求めていたのか

▶ 図4.6.6　自由回答は「回答を取得したい粒度を意識する」

調査目的
- 未充足ニーズを見つけるために、〇〇カテゴリーの使用習慣・不満点などを聴取する
- 自社のマーケティング課題を特定するために、自社ブランドの浸透度、満足度などを聴取する

調査対象者：全国の18〜69歳の男女で、直近1年間に、〇〇をご自身で購入し使用した方

Q 番号	設問項目	対象者	回答 形式	選択肢イメージ
Q1	ビールの飲用頻度	全員	SA	毎日／週5〜6日／週3〜4日……
Q2	ビールの 飲用シーン・機会	全員	MA	家での行事／普段の食事／食事以外の自宅／ 職場の行事……
Q3	ビールのイメージ	全員	MA	若者向け／中高年向け／パーティー向き／ お酒をよく知っている人向き／健康的／……
Q4	ビール購入時の 重視点	全員	SA マト	＜項目＞味／喉ごし／香り／メーカー／ カロリー／…… ＜選択肢＞非常に重視する／重視する／……
Q5	主要ブランドの 認知度	全員	MA	ブランドA／ブランドB／ブランドC……
Q6	主要ブランドの 購入経験	いずれか ブランド認知者	MA	※Q5で認知したブランドのみ提示 ブランドA／ブランドB／ブランドC……

▶ 図4.6.7　調査項目シートで全体の整合性を確認する

＜STEP5＞
質問文・選択肢の作成

回答者が誤解しないように、質問文・選択肢を作る

　この段階になって初めて、質問文と選択肢を作成します。調査票作成の大原則である「回答者の気持ちに立って、彼らが誤解なく質問文や選択肢を理解して、スムーズに回答できるように作る」ことを意識しましょう。

　図4.7.1に示すように、（1）定義や範囲を「限定」する、（2）回答者を誘導しない、（3）回答できないことは聞かない、（4）重複・無駄なものを削る、を意識すると、わかりやすい質問文・選択肢になりやすいです。

定義や範囲を「限定」する

　図4.7.2の「1カ月に自由に使えるお金」の修正前の質問で説明します。質問文で気になるのが「お金の範囲が曖昧」ということです。主婦の方は「個人と世帯」のどちらで回答すべきか悩む可能性があります。加えて、選択肢1と選択肢9に「自由に使えるお金はない」の回答が分散する可能性があります。人によって解釈が異なると、データの信憑性が下がり、使い物にならなくなります。定義や範囲を限定することは非常に重要です。

限定の中でも、「言葉の定義」「回答個数」には要注意

　「言葉」の定義には要注意です。「可処分所得」（固定費は含む／除く？）、「有職者」（アルバイトは含む／除く？）、「スキンケア」（どこまで入る？）、「旅行」（日帰りは？ 帰省は？）、「普段」（平日と休日で違うときはどうする？）などは、回答者で解釈が異なりやすいです。また、「オール電化」「テレマティクス保険」などは、業界従事者には当然でも、消費者に通じないことが多いです。プリテストで、回答者の反応を確認しましょう。

　加えて、「回答個数」が不明確なケースも多いです。複数回答なのに、複数回答である記載が抜けているために、単一回答と誤認して回答される可能性がある調査票を見かけることが多いです。

視点	チェックポイント
① 定義や範囲を「限定」する	✓「誰に、何について、何を聞いているのか」を明確にする 　例：買ったもの or 使ったもの or 食べたもの ✓「言葉、期間、範囲、単位、業界用語」の定義を明確にする ✓ ダブルバーレルに気を付ける（1つの質問は1つのことに限定する） 　例「美容と健康に良い」「店員の接客態度と知識」
② 回答者を誘導しない	✓ 都合の良い回答を導くための誘導は行わない 　例：「最近話題になっている○○」など、先入観を与える
③ 回答できないことは聞かない	✓ 自分が回答できないことは聞いても信憑性が落ちる 　例：5年前に買った日用品の個数、10年後の自分
④ 重複・無駄なものを削る	✓ 重複・なくてもよい部分を削除して、シンプルな文章や表現にする 　例：主にお使いのものを1つお選びください 　　→「主に」と「1つ」は重複 　例：○○という言葉を知っていますか？ 　　→○○をご存知ですか？ 　例：○○の理由について、あてはまるものをすべてお選びください。 　　→○○の理由をすべてお選びください。

▶ 図 4.7.1　質問文・選択肢を作る際のチェックポイント

修正前	修正後
あなたが、1ヶ月で自由に使えるお金はどのぐらいですか？ 1. 3,000円以下 2. 3,000円〜5,000円以下 3. 5,000円〜10,000円以下 4. 10,000円〜20,000円以下 5. 20,000円〜30,000円以下 6. 30,000円〜50,000円以下 7. 50,000円〜100,000円以下 8. 100,000円以上 9. 自由に使えるお金はない	あなたが、この1ヶ月間で、個人として自由に使った金額はどのぐらいでしたか。 ※以下の範囲を想定してお考えください。 ・外食費　・衣服／ファッション… 1. 3,000円未満 2. 3,000円〜5,000円未満 3. 5,000円〜10,000円未満 4. 10,000円〜20,000円未満 5. 20,000円〜30,000円未満 6. 30,000円〜50,000円未満 7. 50,000円〜100,000円未満 8. 100,000円以上

✓ 質問文の「自由に使えるお金」の定義が曖昧。主婦の方が「世帯」「個人」を混同しやすい
✓ 選択肢の「以下」と次の選択肢の冒頭が重複している
✓ 本当は「自由に使えるお金はない」と回答する人が誤って、選択肢1にチェックしてしまう

▶ 図 4.7.2　定義や範囲を「限定」することで、解釈を統一する

1つの質問は1つのことに限定する（ダブルバーレル）

ダブルバーレルと呼ばれる「1つの質問で2つのことを同時に聞く」ことにも注意が必要です。図4.7.3に示すように、「美容と健康に良い」と2つのことを同時に質問すると、「美容は魅力的だけど、健康はあまり……」といった場合に回答しにくいだけでなく、データの信憑性が落ちます。この場合は、「美容に良い」と「健康に良い」を別々に聴取します。

回答者を誘導しない（バイアスを避ける）

アンカリング効果を活用すると、都合の良い回答を導くことができます。先入観を与えるような情報を提示する（最近話題になっている○○について／最近はSDGsを謳った商品が……）ことが代表例です。回答者が、質問者の意図をイメージでき、どう答えるべきかがわかっているように思える質問を誘導質問と言います。都合の良い回答を導くための誘導は行わないようにしましょう。

回答できないことは聞かない

調査票を作成すると、実態や事実を回答しにくい（回答できない）ことを聞いてしまう傾向があります。図4.7.4に示すように、サービスの購入意向者（未購入者）に「サービスを購入するまでに必要な時間」を聴取しても、現実と乖離します。このようなケースでは、直近の購入者が実際にかかった期間で代替することが望ましいです。

「重複・無駄なものを削る」ことで、わかりやすい文章になる

質問文がわかりにくくなる要因に「文章が丁寧すぎる」ことがあります。図4.7.1に示したように、重複している言葉、なくても通じる部分を削除すると、文章がシンプルになります。

従来は、質問文は丁寧に記載することが正しいとされてきましたが、スマホに回答端末が変化した現在では、その前提が崩れています。図4.7.5に、国内旅行に関する質問文を掲載しています。意味合いは同じでも、左側の方が場所を取っており、すべての選択肢を一覧で確認できません。質問文は短く、わかりやすく作成し、プリテストでも確認することが大事です。

修正前

この商品になって、美容と
健康に良いことは、
どのように感じましたか？

1. とても魅力的である
2. やや魅力的である
3. どちらともいえない
4. あまり魅力に感じない
5. まったく魅力に感じない

修正後

この商品になって、以下の項目は、どのぐらい魅力に感じましたか？

→	とても魅力的である	やや魅力的である	どちらともいえない	あまり魅力を感じない	まったく魅力を感じない
美容に良い	○	○	○	○	○
健康に良い	○	○	○	○	○

▶ 図4.7.3　1つの質問は1つのことに限定する

サービスの購入意向者（未購入者）

資料請求から、サービスを購入するまで
に、必要な時間はどのぐらいですか？

1. 3カ月ぐらい
2. 6カ月ぐらい
3. 1年ぐらい
4. ……

直近のサービス購入者

資料請求から、サービスを購入するまで
に、どのぐらいかかりましたか？

1. 3カ月ぐらい
2. 6カ月ぐらい
3. 1年ぐらい
4. ……

未購入者に「必要な時間」を聞いても現実と乖離するため、
購入者が実際にかかった期間で代替することが望ましい

▶ 図4.7.4　回答できないことは聞かない

✓ 質問文を丁寧に記載すると、質問文の行
　数が増える
✓ 質問数が進むにつれて、ボディーブロー
　のように回答負荷が高まっていく
✓ 意味合いを崩さないように、文章を短く
　推敲していくことが重要

▶ 図4.7.5　質問文の長さと回答結果の違いの検証結果

選択肢は
「MECE」「アクションにつながるか」を意識する

図4.7.6 に、選択肢の作成プロセスを掲載しています。最初は、粒度は気にしないで思いついた選択肢をひたすら書き出します。

選択肢を書き出した後は、「MECEによる選択肢の修正」です。MECEとは、漏れもダブりもない状態を言います。具体的には、（1）フレームを参考に、選択肢の切り口に漏れはないか、（2）1つの切り口の中で、漏れ・ダブりがないか、（3）全体を通して選択肢のレベル感があっているか、を意識して修正します。

最後に、それぞれの選択肢の回答割合が高いときに、アクションにつながるかを確認します。アクションに直接的につながらない質問の場合は、関係者間で選択肢の意味合いに齟齬が生じないかをチェックします。

● 選択肢作成プロセスをトレースしてみよう

図4.7.7 の「自動車保険を選ぶ際の重視点」をもとに、作成ステップを追体験しましょう。修正前は、新人マーケターが作成した選択肢です。

1つ目は「フレームを参考に、選択肢の切り口に漏れがないか」です。自動車保険というサービスを意識し、「サービスの7P（商品、価格、プロモーション、チャネル、人、プロセス、物理的環境）」を参考に分類します。最後の「評判」は新規に追加しています。

次いで、「1つの切り口の中で、漏れ・ダブりがないか」です。それだけ？それ以外にないの？とチェックしていくと、修正前の「担当者の顔を知っていること」を見て、「顔を知っているだけでいいの？」と気づきます。そこで「対応の丁寧さ」「担当者の対応が早い」を追加していきます。

最後は、「全体を通して選択肢のレベルが合っているか」です。これがあれば、全て網羅してしまうのでは？と問いかけていきます。修正前では「自分に合うと思える保険」が他よりもレベルが違うことに気づきます。全員が自分に合う保険が欲しいはずです。そこで、この選択肢を削除します。

MECEのチェック終了後は、選択肢がアクションにつながるかを確認します。修正前の「手続きの速さ・楽さ」の割合が高いとき、「速さ」もしくは「楽さ」のどちらを強化すべきか判断できないため、選択肢を分割します。

①	思いついた選択肢を 書き出す	文言が汚く、粒度が違う選択肢が混ざっても気にせず、ひたすら書き出す

②	MECEを意識して 選択肢を修正する	● フレームを参考に、選択肢の切り口に漏れはないか？ ● 切り口の中で、漏れ・ダブりがある選択肢はないか？ ● 選択肢のレベル感が合っているか？

③	アクションに 繋がるかを確認する	● 選択肢の回答割合が高いときに、アクションに繋がるかを確認する ● アクションにつながらない質問は、関係者で認識の齟齬が生じないかをチェックする

▶ 図 4.7.6　選択肢の作成ステップ

あなたが、自動車保険に加入する際に、重視する点をすべてお選びください

修正前	修正後	
1. 保険料	1. 有名な保険会社である	
2. 事故対応力・交渉力	2. 信頼できる保険会社である	ブランド
3. 充実した補償内容	3. 健全性が高い保険会社である	
4. 自分に合うと思える保険	4. 補償内容が充実している	
5. 手続きの速さ・楽さ	5. 事故時の対応力・交渉力が高い	商品
6. 保険会社の信頼性・ブランド	6. ロードサービスなどの付帯サービスが充実している	
7. ロードサービスなどの付帯サービス	7. 保険料が安い	価格
8. 担当者（代理店）の顔を知っている	8. テレマティクス保険（走行データから保険料が決まる保険）である	
9. 保険商品の口コミの良さ	9. 広告などでよく見かける保険会社である	プロモーション
10. その他（自由回答）	10. 広告の印象がよい保険会社である	
	11. 加入時のキャンペーン・特典が魅力的である	
	12. 加入手続きが簡単である	チャネルプロセス
	13. 資料請求から加入までの時間が短い	
	14. インターネットだけで契約することができる	
	15. いつも同じ担当者が対応してくれる	人
	16. 担当者の対応が丁寧である	
	17. 担当者の対応が早い	
	18. 口コミの評価・評判がよい	評判
	19. その他（自由回答）	

▶ 図 4.7.7　選択肢の作成ステップをトレースする

129

選択肢の「MECE」を考えるときに役立つフレーム・切り口

図4.7.8に、筆者が実務経験を通じて整理し、選択肢のMECEチェックで活用しているフレーム・切り口を掲載しています。購入重視点は、「ブランド＋ 4P/7P ＋ 付随機能 ＋ 推奨・評判」を軸に考えることが多いです。これをベースに、商材や状況に応じて追加・削除していきます。

上記に加えて、図4.7.9には、経験価値を検討するときに有益な切り口を掲載しています。ベイン＆カンパニーは、消費者の価値要素を30個に整理しており、業界で価値の重要度が異なると主張しています。マクロミルの安野将央氏は、経験価値に関する文献をもとに、11個の消費価値に分類しています。これらをもとに、選択肢の切り口の抜け漏れを確認していきます。

マトリクス質問の選択肢は「5段階? 4段階?」

マトリクス質問で満足度や重視度を聴取する場合、選択肢は「5段階（非常に満足、やや満足、どちらともいえない、やや不満、非常に不満）」、もしくは「4段階」（どちらともいえない、を除く）のどちらが適切かという質問を頂く機会が多いです。

回答者が全ての項目を「YES／NO」と判断できないことを考慮すると、「5段階」で聴取するのが基本です。ただし、広告の好き・嫌いなど「YES／NO」を判断できる場合は、「4段階」で聴取することもあります。

また、最初の選択肢に「非常に」「とても」を付けるべきかという質問もよく頂きます。「非常に」「とても」があると、両極端の回答を嫌う傾向から文言がないときよりもスコアが低くなります。筆者の見解は、「非常に」「とても」があっても選ぶ心理的態度の違いを重視し、文言を付けることをお勧めしています。

過度に否定的な表現はしない

回答者は、「否定的」な選択肢よりも「肯定的」な選択肢を選びやすい傾向があります。これをイエス・テンデンシーと呼びます。行動経済学でも、意味的には同じでも、表現や状況の違いで受け取り方が異なることを「フレーミング効果」と呼びます。選択肢の文言が、過度に否定的になっており、回答しにくくなっていないかを意識しましょう。

購入重視点

切り口	例
ブランド	有名なブランドである、ブランドのイメージが良い
製品	性能が高い、使い勝手が良い、機能が充実している
価格	価格が手頃である、キャンペーンをしている
プロモーション	広告をよく見かける、広告の印象が良い
チャネル	購入しやすい場所にある、店頭で販促している
店員	店員の知識が豊富である、店員の対応が良い
プロセス	購入手続きが簡単である、手続きの書類が少ない
物理的環境	店舗の雰囲気が良い
付随機能	アフターサービスが充実している、故障時の対応が早い
推奨・評判	評判・口コミが良い、専門家の評価が高い

ブランド価値

切り口	例
品質保証	品質・性能が良い
	頑丈である、壊れない
	多くの人が持っているので安心・信頼できる
差別化	デザインやスタイルが良い
	ブランドの特徴がわかりやすい
	商品を選ぶ手間が省ける
自己表現	使用していて楽しい気分・幸せな気分になる
	自分自身を表現できる
	自分のイメージアップになる
同調性	保有することで社会や集団から外れない
	これを持っていればみっともなくない
非同調性	優越感を感じる
	多くの人が持っていないので価値が高い
	人からうらやましがられる・人に自慢できる

ブランドイメージ

切り口	例
のれん・定番	知名度がある、伝統がある、有名な／定番の
一流・ステータス	一流感がある、高級感のある、優越感を感じる
個性	センスがよい、個性がある
先進・活力	先進性があり、活力があり、チャレンジ精神がある
マーケティング	親しみやすい、技術力が高い、性能が良い、使い勝手がよい、よく見かける、店員の対応が良い
ターゲット	若者向け、高齢者向け

認知経路

切り口	例
広告	テレビCM、新聞広告、WEB広告、交通広告
パブリシティ	新聞記事、雑誌記事
インターネット	ホームページ、SNS、動画サイト
店頭	店頭の陳列、キャンペーン、店員からの話
個人	家族からの話・評判、友人からの話・評判

▶ 図 4.7.8　**選択肢のMECEを考える際のフレーム・切り口**

消費者の価値要素（ベイン＆カンパニー）

切り口	例	
社会への影響	・自己超越	
人生の変化	・希望の創出	・資産継承
	・自己実現	・帰属・縁
	・モチベーション	
感情	・不安の軽減	・健康
	・自分へのほうび	・癒し
	・懐かしさ	・娯楽
	・デザインや美観	・魅力
	・象徴性	・つながりの提供
機能	・時間の節約	・労力の軽減
	・簡素化、	・面倒の回避
	・収益確保	・コスト削減
	・リスク低減	・品質
	・整理・整頓	・バラエティ
	・統合する	・感覚訴求
	・つなぐ	・情報提供

消費価値（マクロミル・安野氏）

切り口	消費価値
機能的価値	・品質的価値　製品やサービスの品質、卓越さ、機能性 ・経済的価値　低価格やコストパフォーマンス ・効率的価値　使いやすさや実用性
感情的価値	・快楽的価値　喜楽を通じた高揚感や非日常的経験 ・審美的価値　デザイン性、視覚的な美しさ
社会的価値	・優越的価値　所有することによる社会的名声、優越性 ・差異的価値　他者とは異なる個性の尊重・表現 ・同調的価値　ブランドの使用・所持による帰属意識や流行消費
認識的価値	・新奇的価値　好奇心や目新しさ ・学習的価値　情報や知識の獲得 ・倫理的価値　正義感や美徳観、信念に基づく環境保全や他者への貢献

▶ 図 4.7.9　**経験価値の分類**

選択肢は「細かく聞いて、集計時にまとめる」

図4.7.2の説明をすると、選択肢間の数値の幅が異なるのはなぜか？ 細かすぎないのか？ といった質問を受けることがあります。選択肢は「細かく作成して、後から取り纏める」のが鉄則です。選択肢が少なすぎると、分析時に分けたいと思っても分けることができないためです。

時間や金額などの質問では「中央値と想定される選択肢が中央付近になるように設定する」「中央値と想定される選択肢付近の刻みの幅は小さく、離れるにつれて幅を広く設定する」ことで活用しやすい結果になりやすいです。

また、図4.7.10に示すように、本来1つの選択肢を分割して聴取したい場合は、集計時に「中分類の作成」が必要です。この場合、「QRコード」「クレジットカード・計」「交通系電子マネー・計」で比較しないと、意思決定をミスリードする可能性が高まります。

選択肢のランダマイズ設定は忘れずに

スマホによる回答が増えている状況では、選択肢はランダマイズ設定にします。画面スペースにより、選択肢が閲覧されないことに起因したバイアスを発生させないことが重要です。マクロミルでは、選択肢を純粋にランダマイズする機能だけでなく、選択肢の提示順を「最初の選択肢から提示する」「最後の選択肢から提示する」リバースランダマイズ機能、選択肢をグループ単位でランダマイズする機能があります（図4.7.11）。

どうしても「選択肢のイメージが湧かない」ときは……

選択肢を作成する中で、選択肢のイメージが湧かない、これでいいのかと不安に感じるときは、マクロミルが提供する『ミルトーク』の活用をお勧めします。ミルトークは、掲示板に質問を投稿し、消費者が文章で回答するサービスです。様々なシチュエーションの質問を投稿することで、選択肢の抜け漏れ・文言の表現方法を検討することができます。

また、定性情報を中心としたインターネット調査を実施することもあります。図4.7.12に、自然言語処理を活用した選択肢の作成事例を掲載しています。ただし、回答負荷が高いため、スクリーニング調査で「自由回答が中心の本調査を回答できるか」のパーミッションを取ることが大前提です。

普段利用しているキャッシュレス決済を聴取しよう！
クレジットカード、電子マネーは形態も把握しておこう。

選択肢

1. QRコード決済
2. クレジットカード（タッチ決済除く）
3. クレジットカード（タッチ決済）
4. 交通系電子マネー（カード型）
5. 交通系電子マネー（モバイル型）
6. 流通系電子マネー（カード型）
7. 流通系電子マネー（モバイル型）
8. キャリア決済
9. ……

QRコード決済
クレジットカード（タッチ決済除く）
交通系電子マネー（カード型）
クレジットカード（タッチ決済）
流通系電子マネー（カード型）
交通系電子マネー（モバイル型）

QRコード決済の利用率が最も高い！

選択肢2もしくは3の回答者を「クレジットカード・計」で集計すると、「QRコード決済」を上回る。
1つの選択肢を分解したときは、集計時に「中分類」で取り纏める。

▶ 図 4.7.10　**1つの選択肢を分割する際の留意点**

ランダマイズ機能

1. 選択肢 A
2. 選択肢 B
3. 選択肢 C
4. 選択肢 D
5. 選択肢 E
6. 選択肢 F
7. 選択肢 G
8. ……

回答者に
ランダム
に表示

9. その他
10. 特になし

リバースランダマイズ

1. 選択肢 A
2. 選択肢 B
3. 選択肢 C
4. 選択肢 D
5. 選択肢 E
6. 選択肢 F
7. 選択肢 G
8. ……

・回答者 A
　選択肢1から表示

・回答者 B
　選択肢8から表示

9. その他
10. 特になし

グループランダマイズ

1. 選択肢 A
2. 選択肢 B
3. 選択肢 C
4. 選択肢 D
5. 選択肢 E
6. 選択肢 F
7. 選択肢 G
8. ……

3つのグループ
単位でランダム
に表示

9. その他
10. 特になし

▶ 図 4.7.11　**選択肢のランダマイズ設定**

化粧水〇〇を「これ、これいいか
も」と感じた理由・きっかけ・
シーンを教えてください

自由回答欄

● 肌への浸透力が高い
● 敏感肌でも問題なく使える
● 季節の変わり目でも肌トラブルを感じない
● 潤いが長続きする
● メイクのノリ・持ちがよくなる
● 季節を問わず使える（通年で使える）
● …

▶ 図 4.7.12　**自然言語処理を活用した選択肢の作成事例**

知っておくと便利な質問パターン

　本章の最後に、マーケティングの重要キーワードのうち、どのように質問すべきか悩みやすいものについて、質問文・選択肢例を紹介します。一部は曖昧にしている部分もありますが、参考にしていただければと思います。

◉ 人の分析に欠かせない「イノベーター尺度」「オピニオンリーダー尺度」

　新商品を購入する順番として、イノベーター分類（イノベーター、アーリーアダプター、アーリーマジョリティ、レイトマジョリティ、ラガード）が有名です。アンケートでこの分類をしたいニーズは強いです。

　筆者は、試行錯誤の結果、図4.7.13の形に落ち着いています（少し抽象化しています）。また、周囲に影響を及ぼすオピニオンリーダー、カテゴリー関与度を測定したいときがあります。そのときは図4.7.13に示すような尺度をSAマトリクスで聴取し、各項目の合計点から分類することが多いです。

◉ ブランドの分析で大事な「ブランドの浸透度」「シーン別想起」

　ブランドの顧客ピラミッドを作成する場合、図4.7.13のように1問で聴取することが可能です。認知度、購入経験などを別々に聴取することもできますが、ベンチマークするブランドが決まっている場合は、ブランドを絞った上で、SAマトリクスで聴取したほうが正確です。

　最近では、メンタルアベイラビリティの重要性が指摘され、シーンごとのブランド想起を知りたいニーズが増えています。その場合は、図4.7.14に示すような、シーンごとの第一想起ブランド、その他の想起ブランドを聴取し、自社ブランドの想起きっかけ状況を理解することがあります。

◉ 人の本音に迫る「投影法（モチベーションリサーチ）」

　「あなたはどう思いますか？」と聞かれると、人間は顕在意識のもとで発言をセーブし、無難に話す傾向があります。一方、第三者という他人を見たときに「何を思っていると思いますか？」と聞くと、潜在意識にある意見が出やすくなります。投影法とは、この潜在意識に迫ろうとする手法の総称です。投影法には、いくつかの聴取方法がありますが、筆者の経験では、図4.7.15の左側の聴取方法が、利用者の潜在意識が出やすいと感じています。

イノベーター尺度（例）

Q.あなたご自身は、〇〇に関して、以下のどのタイプに最もあてはまりますか。

1. トレンドや流行は、自分でつくるタイプ
2. トレンドや流行は、人よりも先取りして取り入れるタイプ
3. トレンドや流行は、広まってきたら自分に取り入れるタイプ
4. トレンドや流行には、あまり敏感ではないタイプ
5. トレンドや流行には、どちらかというと疎いタイプ

オピニオンリーダー、カテゴリー関与度（例）

※SAマトリクスにて聴取し、項目の合計点を算出

・〇〇が何よりも好きである
・周囲よりも、〇〇の知識が豊富である
・〇〇に関する情報を積極的に集めている
・〇〇を利用する人との会話で、自分のアドバイスは情報源としてしばしば利用される
・友人や知人に、よく〇〇に関する話をする
・〇〇に関して、周囲から相談されることが多い

▶ 図4.7.13　イノベーター尺度、オピニオンリーダー尺度のイメージ

ブランド浸透度（例）

Q.〇〇（ブランド）について、以下のどちらにあてはまりますか？

1. このブランドは知らない
2. 知っているが、購入したことはない
3. 過去に購入したことがあるが、直近1年間は購入していない
4. 直近1年間に購入したことがある

シーン別ブランド想起（例）

Q.以下について、最初に思い浮かぶブランド（1つ）、上記以外に思い浮かぶブランド（全て）をお選びください。

→	Aブランド	Bブランド	Cブランド	…
商品の品揃えが多い				
最初に思い浮かぶもの	○	○	○	○
上記以外で思い浮かぶもの	□	□	□	□
商品の特徴がわかりやすい				
最初に思い浮かぶもの	○	○	○	○
上記以外で思い浮かぶもの	□	□	□	□

▶ 図4.7.14　ブランド浸透度、シーン別想起ブランドのイメージ

あなたの一番の親友であった【〇〇】さんが転校することになりました。登校日の最終日、あなたは友人代表としてクラスでスピーチすることになりました。
【〇〇】さんの人となりや、自分にしてくれたこと、出会いのエピソードなどを踏まえながら、感謝の気持ちをこめて、できるだけ具体的にスピーチしてください。

今日から1年間、【〇〇】を一切使ってはいけないという法案が可決されそうです。
あなたは、国民の代表として、【〇〇】を使い続けることができるように反論しなければなりません。どのように反論しますか？

▶ 図4.7.15　投影法（モチベーションリサーチ）の聴取例

選択肢の作成には、細心の注意が必要です。筆者はこれまで多くの調査票を見てきましたが、「極端の回避による回答誘導」が生じていることが多いと感じています。極端の回避とは、3つの価格帯が異なる商品（松竹梅）があると、真ん中の「竹」を選ぶ人が多いことを言います。

極端の回避は、選択肢の文言でもあてはまります。よく見るのは、購入意向などの5段階評価のネガティブ表現です。例えば、新商品の購入意向を聴取するときに、「非常に買いたい」「やや買いたい」「どちらとも言えない」「やや買いたくない」「非常に買いたくない」と聴取した場合、「買いたくない」の文言が極端に強すぎると、最初の3つの選択肢から無意識に選ぶ可能性が高まります。調査票を作成すると無意識にやりがちですが、アンケート結果を誘導している可能性があることを認識することが大事です。

柔軟に聞き方を考えて、プリテストで検証していく

商品・サービスの改善点を把握するために、商品・サービスの「不満点」を聴取することがあります。実際には、不満点があまり挙げられないことが多いです。消費者が商品・サービスを使用していて「悪くはないけどね…」と感じたときに「物足りないけど、不満まではいかない」と感じる人が多いと思います。そう考えると、商品・サービスで「物足りない点」と聴取したほうが実態に合っている可能性があります。

柔軟に聞き方を変える必要性は、他のシーンでも見られます。満足度は「非常に満足」〜「非常に不満」という聞き方が一般的です。ただし、満足度が「事前の期待値に対する、製品の知覚成果」であることを考慮すると、「期待以上」「期待通り」「期待以下」と聴取し、期待以上の人に、具体的な状況を自由回答で聴取することが有益なケースもあります。

また、購入の決め手を聞くときに、「〇〇を購入した決め手をすべてお選びください」とするか、「様々な商品・サービスがある中で、〇〇を購入した決め手をすべてお選びください」とするかでも、回答結果が変わります。

リサーチ業界でよくある聞き方が正解とは限りません。消費者の心理、目的に合わせて聞き方を柔軟に考えましょう。そして、プリテストを実施し、回答者がどのように感じるかを検証し、ご自身が最も良いと感じた聞き方を採用しましょう。

第 5 章

Webアンケートの
集計・分析

Webアンケートを通じてデータを収集した後は、「集計・分析」のステップに入ります。アンケート分析の鉄則は「全体集計で全体の傾向を俯瞰し、クロス集計で詳細に深掘りしていく」です。本章では、アンケートの集計・分析の中心である「クロス集計の読み方・クロス軸・活用シーン」について説明します。加えて、データ解釈・考察するときのポイント、比較方法からのグラフの選び方、レポート作成の基本的な考え方についても説明していきます。

アンケートの「集計・分析」ステップ

アンケート実施後の集計・分析ステップ

　図5.1.1に、アンケート終了後の集計・分析ステップを掲載しています。大きく4つのステップから構成されます。

● <STEP1>データクリーニング・集計加工

　アンケートを実施すると、ExcelもしくはCSVファイルで、(1) ローデータ（1人の回答が横方向に格納された生データ）、(2) 全体集計（回答者全員の集計結果）が入手できます（システムからのダウンロード、調査会社からのデータ納品など方法は様々です）。

　全体集計、ローデータをもとに、データクリーニング（外れ値の対応など）、集計加工（Top2、加重平均値の設定など）の対応を検討します。その後、データクリーニング、集計加工を通じて、データ分析しやすい形にデータを整形していきます。

● <STEP2>クロス集計

　次のステップは「クロス集計」です。リサーチ企画で検討した比較軸を中心に、分析に耐えうるサンプルサイズになるようにクロス軸（集計軸）を設定します。その後、調査会社が提供する無料集計ソフトもしくは、Excelのピボットテーブルなどを使って、クロス集計を実施します。

● <STEP3>データの読み込み・解釈・考察

　クロス集計を実施した後は、「データの読み込み・解釈・考察」を行います。1つの質問だけを見るのではなく、複数の質問の集計結果をもとに、観察のSo What?→洞察のSo What?を行います。

　データの解釈・考察を通じて、リサーチ課題に対する仮の結論、それを伝えるストーリーラインを検討します。ここの頑張り次第で、アンケートを実

施した価値が決まる大事な工程です。

● ＜STEP4＞レポートの作成・報告

　仮の結論、ストーリーラインを作成した後は、「レポートの作成・報告」のステップです。メッセージに即したグラフを作成し、サマリーを仕上げていきます。最後にエグゼクティブサマリーを作成し、社内外の関係者にレポートを共有・報告します。

●「データクリーニング・集計加工」に時間をかけることが大事

　アンケートの集計・分析の効率的な実施には、「データクリーニング・集計加工」のプロセスが非常に重要です。アンケートデータは、他のデータと比べてデータは奇麗ですが、データクリーニングは必要です。加えて、適切な集計加工を実施すると、データの解釈・考察の精度が一気に上がります。

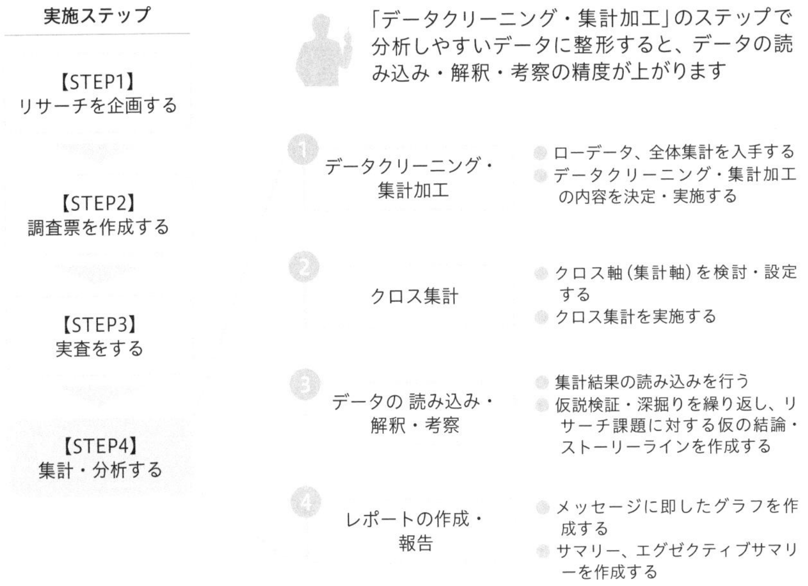

実施ステップ		
【STEP1】 リサーチを企画する		「データクリーニング・集計加工」のステップで分析しやすいデータに整形すると、データの読み込み・解釈・考察の精度が上がります
【STEP2】 調査票を作成する	① データクリーニング・集計加工	● ローデータ、全体集計を入手する ● データクリーニング・集計加工の内容を決定・実施する
【STEP3】 実査をする	② クロス集計	● クロス軸（集計軸）を検討・設定する ● クロス集計を実施する
【STEP4】 集計・分析する	③ データの 読み込み・解釈・考察	● 集計結果の読み込みを行う ● 仮説検証・深掘りを繰り返し、リサーチ課題に対する仮の結論・ストーリーラインを作成する
	④ レポートの作成・報告	● メッセージに即したグラフを作成する ● サマリー、エグゼクティブサマリーを作成する

▶ 図 5.1.1　アンケート終了後の集計・分析ステップ

「データ尺度」と「分析方法」の関係を理解する

　アンケート結果を集計・分析するには、データ尺度（データの種類）を理解することが重要です。データ尺度により、分析できる内容や手法が異なるためです。データ尺度には、（1）名義尺度、（2）順序尺度、（3）間隔尺度、（4）比率尺度、の4つがあります（図5.1.2）。

　名義尺度とは、「男性：1、女性：2など、データを区別するために使われるもの」を言います。クロス集計による分析が中心になります。

　順序尺度とは、「満足度など、データに順序関係があり、大小関係を比較できるもの」を言います。名義尺度と同じ分析に加えて、加重平均値による比較、量的データとみなして多変量解析を実施することがあります。

　間隔尺度と比率尺度は、「体重や金額などの量的データ」です。数値の「0」が存在するかどうかで分類されます。カテゴリー化によるクロス集計や統計解析（平均値、標準偏差、相関係数など）、多変量解析など、分析方法は多岐に亘ります。

● 1変数は「全体集計」、2変数は「クロス集計」で傾向を把握する

　図5.1.3に、データ尺度とデータ分析手法の関係を掲載しています。1つの変数を分析するときは「全体集計」を用います。全体集計をもとに、選択肢間の大小関係を比較し、全体の傾向を把握します。均等割付やブーストサンプルがある場合は、全体＝参考値になる点に注意が必要です。

　2つの変数の傾向を見るときは「クロス集計」を用います。クロス集計とは、2つの変数をクロスさせて相互の関連を見るものを言います。クロス集計をもとに、クロス軸（集計軸）間のスコアの大小関係、2つの変数間の相関関係を分析していきます。アンケートの分析は「全体集計で全体傾向を俯瞰し、クロス集計で詳細に深掘りしていく」ことが鉄則です。

● 3変数以上になったら「多変量解析」を活用する

　3つ以上の変数の場合は、人間の処理能力を超えるため、多変量解析を活用することが多いです。数理モデルを用いて、（1）多くの変数の分類・縮約、（2）キードライバーの発見で活用されます。第6章で説明します。

データ尺度（分類）		内容・代表例	分析方法
質的データ（カテゴリーデータ）	名義尺度	✓ データを区別するための物差し ● 性別（男性＝1、女性＝2） ● 居住地（北海道＝1、沖縄＝47）	✓ クロス集計
	順序尺度	✓ データに順序関係があり、大小関係を比較できるもの ● 評価（大変満足 ～ 非常に不満） ● 順位（1位＝●●、2位＝△△）	✓ クロス集計 ✓ 統計解析 ✓ 多変量解析
量的データ	間隔尺度	✓ 順序のあるデータ間に等間隔の差があるもの。数値の「0」が存在しない ● 気温（10℃、20℃、30℃……） ● 西暦（2001年、2002年……）	✓ クロス集計（カテゴリー化） ✓ 統計解析 ✓ 多変量解析
	比率尺度	✓ 順序のあるデータに等間隔の差があり、比率にも意味があるもの ● 金額（0円、1,000円……） ● 人数（0人、1人、2人……）	✓ クロス集計（カテゴリー化） ✓ 統計解析 ✓ 多変量解析

▶ 図5.1.2　データ尺度と分析方法

1変数	**全体集計（単純集計）** ● 対象者全員の結果 ● 全体傾向を把握するときに活用する ● ヒストグラムや確率分布を把握する	Q.あなたが普段、インターネットを使う際に、多く使う端末はどちらですか？ ■ PC　■ スマホ・タブレット 全体　35　65 項目間の大小関係を比較
2変数	**クロス集計** ● 2つの変数をクロスさせて相互の関連をみるもの ● 量的変数の場合は、散布図を描いたり、相関係数を算出することもある	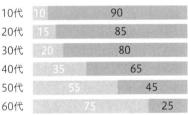 ■ PC　■ スマホ・タブレット 10代　10　90 20代　15　85 30代　20　80 40代　35　65 50代　55　45 60代　75　25 クロス軸間のスコアの大小関係を比較
3変数以上	**多変量解析** ● 数理モデルを用いて、変数間の関係性を把握する 「多くの変数の分類・縮約」「キードライバーの発見」	

▶ 図5.1.3　変数とデータ分析手法

＜STEP1＞データ クリーニング・集計加工

数値回答、スクリーニング調査をデータクリーニング

アンケートの集計・分析における最初のステップは、「データクリーニング・集計加工」の実施です。アンケートデータは、質的データが多いため、他のデータよりも奇麗ですが、(1) 数値回答の外れ値、(2) スクリーニング調査からの市場規模の推計を中心に、データクリーニングを実施します。

● 数値回答は「外れ値の対象者候補を抽出し、目視で最終確認」する

数値回答は、箱ひげ図やデータの標準化などをもとに、外れ値の対象者候補を抽出し、その後、目視を踏まえて最終的に判断します（図5.2.1）。

金額の質問では、単位の間違い（円単位で聴取したが、万円単位と誤認して回答するなど）が発生するため、1円、10円といった数値が入力されることがあります。金額の下限は、箱ひげ図やデータの標準化では、外れ値と判定されないことがあるため、目視で確認することが必要です。

● スクリーニング調査から市場推計するときも、データクリーニングは必須

スクリーニング調査から市場規模を推計するときも、データクリーニングの実施をお勧めします。市場規模の推計で用いることが多い質問項目（カテゴリー利用、ブランドの現在利用、直近1年以内のカテゴリー購入・利用など）は本調査対象条件になりやすく、なりすましが発生しやすいです。その結果、市場規模が高く算出されます。

具体的には、(1) 現在利用しているブランド数、(2) 商品の保有数、(3) 複数カテゴリーの直近購入／利用時期、を中心にチェックします。ブランド数、商品の保有数は、回答反応個数を算出し、一般的に想定しにくい個数を付けた方を分析対象外とします。また、カテゴリーの直近購入／利用時期は、SAマトリクスで聴取することが多く、全てカテゴリー（項目）で「直近1年以内」と回答した方を中心に、分析対象者から除外します。

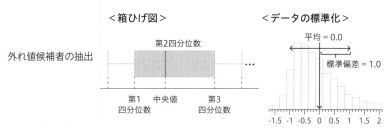

① 箱ひげ図、データの標準化などで、外れ値の候補を抽出する

外れ値候補者の抽出

＜箱ひげ図＞

第2四分位数

第1
四分位数　中央値　第3
四分位数

＜データの標準化＞

平均 = 0.0

標準偏差 = 1.0

-1.5 -1 -0.5 0 0.5 1 1.5 2

② 目視で最終確認

● 単位の入力間違い（円単位で聴取したが、万円単位と誤認して回答するなど）があるため、金額の下限を中心に確認する

▶ 図5.2.1　数値回答のデータクリーニング

① 現在利用しているブランド数、商品の保有数

あなたが、現在利用しているブランドをすべてお選びください。

1. ブランドA
2. ブランドB
3. ブランドC
4. ブランドD
5. ブランドE
6. ブランドF
7. ・・・
8. ・・・
9. ・・・
10. どれも利用していない

回答反応個数を算出し、一般的に想定しにくい個数の回答者を除外

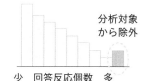

分析対象から除外

少　回答反応個数　多

② カテゴリーの直近購入／利用時期

あなたが、以下の商品・サービスを直近で購入／利用したのはいつ頃ですか。

→	直近1年以内	直近2年以内	直近3年以内	直近5年以内	それよりも前	行っていない
国内旅行	○	○	○	○	○	○
海外旅行	○	○	○	○	○	○
住宅の購入	○	○	○	○	○	○
保険の加入	○	○	○	○	○	○

全て「直近1年以内」と答えた方を分析対象から除外。
正しい回答者も存在するが、なりすましの割合が多いため除外する

▶ 図5.2.2　スクリーニング調査のデータクリーニング

第
5
章
Webアンケートの集計・分析

集計加工を通じて、
データ分析しやすい形にデータを整形する

　データクリーニングが終了した後は、データを解釈・考察しやすくするために、集計加工を実施します。代表的な加工には、(1) 選択肢の取りまとめ、(2) 加重平均値の設定、(3) 回答反応個数の算出、(4) 数値回答のカテゴリー化、(5) 集計ベースの修正、などがあります。

「選択肢の取りまとめ」は集計加工の基本

　選択肢の取りまとめには、(1) Top2、Bottom2などの設定、(2) ○○率の設定、(3) 中分類の作成、などがあります（図5.2.3）。

　Top2、Bottom2の設定とは、満足度や重視度、意識質問などを5段階評価で聴取した場合、「満足・計」「不満・計」「重視・計」「あてはまる・計」など、複数の選択肢の合計値を算出することです。

　○○率の設定とは、利用頻度や保有する金融資産などを聴取したときに、100%から「利用していない」「いずれも保有していない」のスコアを減算して「利用率」「保有率」を算出することです。

　中分類の作成とは、選択肢をいくつかのグループに分類し、該当するいずれかの選択肢を選んだ人の割合を集計することです。(1) 機種などで購入商品を聴取した後に、「自社商品・計」に取りまとめる、(2) 加入きっかけを細かく聴取した後に、「ライフイベントきっかけ」「経済面きっかけ」などに分類する、(3) ブランドイメージを「信頼性」「独創性」「顧客対応」などに分類するなどの活用が多いです。

「加重平均値」で、分布の代表値を算出する

　加重平均値とは、それぞれの選択肢に重み付けを行い、平均値を算出することです（図5.2.4）。世帯年収や金融資産、利用頻度、利用金額、満足度、意識質問などで使われることが多いです。

　金額（世帯年収、利用金額など）の場合は、選択肢間の中央値、上限は選択肢の数値を設定することが多いです。5段階評価（満足度、意識質問など）の場合は、「5, 4, 3, 2, 1」「2, 1, 0, -1, -2」などが用いられます。選択肢間を等間隔で設定すれば、どちらを使っても問題ありません。

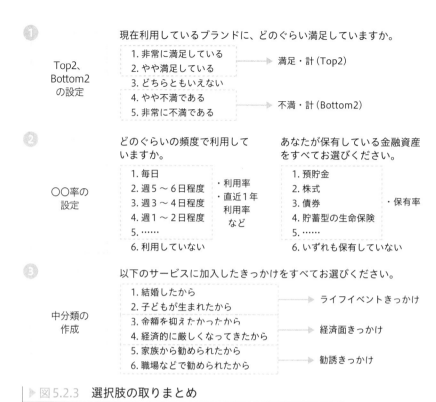

① Top2、Bottom2 の設定

現在利用しているブランドに、どのぐらい満足していますか。

1. 非常に満足している
2. やや満足している　　　→ 満足・計（Top2）
3. どちらともいえない
4. やや不満である　　　　→ 不満・計（Bottom2）
5. 非常に不満である

② ○○率の設定

どのぐらいの頻度で利用していますか。

1. 毎日
2. 週5〜6日程度　　・利用率
3. 週3〜4日程度　　・直近1年
4. 週1〜2日程度　　　利用率
5. ……　　　　　　　　など
6. 利用していない

あなたが保有している金融資産をすべてお選びください。

1. 預貯金
2. 株式
3. 債券　　　　　　・保有率
4. 貯蓄型の生命保険
5. ……
6. いずれも保有していない

③ 中分類の作成

以下のサービスに加入したきっかけをすべてお選びください。

1. 結婚したから　　　　　　　　→ ライフイベントきっかけ
2. 子どもが生まれたから
3. 金額を抑えたかったから　　　→ 経済面きっかけ
4. 経済的に厳しくなってきたから
5. 家族から勧められたから　　　→ 勧誘きっかけ
6. 職場などで勧められたから

▶ 図 5.2.3　選択肢の取りまとめ

ご家庭の最近1年間の世帯収入は、どのぐらいですか。

1. 収入はない　　　　　　　0
2. 100万円未満　　　　　　50
3. 100〜300万円未満　　200
4. 300〜500万円未満　　400　各選択肢
5. 500〜700万円未満　　600　に重みを
6. 700〜1,000万円未満　850　付ける
7. 1,000〜1,200万円未満　1,100
8. 1,200〜1,500万円未満　1,350
9. 1,500万円以上　　　　1,500
10. わからない・答えたくない　—

回答データ	加重平均値
100万円未満	50
700〜1,000万円未満	850
700〜1,000万円未満	850
100〜300万円未満	200

加重平均値 = (50 * 1 + 850 * 2 + 200 * 1)/4 = 487.5

▶ 図 5.2.4　加重平均値の設定

● 「回答反応個数」で、イメージ総量、関与度を判断する

　回答反応個数とは、複数回答でいくつの選択肢が回答されたかを算出することです（図5.2.5左側）。ブランドイメージの質問で、1人当たりどのぐらいのイメージ総量を持たれているかを算出することが多いです。また、カテゴリー意識質問の回答反応個数から、回答者の関与度を分類し、クロス軸（集計軸）に設定することもあります。

● 数値回答は「カテゴリー化」で選択肢化する

　数値回答のカテゴリー化とは、数値データを特定の区間（カテゴリー、ビン）に分類することです（図5.2.5右側）。利用金額や利用回数、利用割合などを数値回答で聴取したときに活用されます。

　カテゴリー化しない場合は、平均値や中央値での分析が中心になり、回答分布が把握しにくくなります。回答分布を把握するためにもカテゴリー化の処理を行います。

● 「集計ベース」の修正は、正しい分析には不可欠

　集計ベースの修正とは、質問の集計ベースを修正して、集計し直すことです（図5.2.6）。具体的には、（1）インターネット調査のプログラミング起因の修正、（2）利用者ベース／回答者ベースへの絞り込み、があります。

　前者は、インターネット調査で回答矛盾が生じないようにプログラミングすることで生じるベースの修正です。インターネット調査では、主要ブランドの認知を聴取した後に、いずれかのブランドを認知した方に「購入経験」、いずれかのブランドを購入した経験がある方に「現在購入」を聴取していきます。市場全体の浸透度を把握するときは「購入経験」「現在購入」の質問の集計ベースを「全体ベース」に修正する必要があります。

　後者は、利用頻度の質問で、最後の選択肢に「利用していない」がある場合、「利用していない」を集計から除外した「利用者ベース」に修正する例が代表的です。また、世帯年収などセンシティブな質問では、「答えたくない」と回答する人が一定数存在します。その方を含めてクロス集計を実施すると、クロス軸（集計軸）間で、正しい比較ができないことがあります。そのため、世帯年収の金額を答えた方に、集計ベースを絞ります。

❶

回答反応個数

Aブランドにあてはまるイメージを
すべてお選びください。

1. 信頼できる
2. 親しみやすい
3. 性能が優れている
4. 先進性がある
5. 高級感がある
6. 価格が手頃である
7. ……
8. どれもあてはまらない

1人当たりの
イメージの
回答個数を
算出する

❷

数値回答のカテゴリー化

＜回答データ＞
930円
940円
990円
1,050円
1,140円
1,210円
1,245円
1,315円
1,330円
1,370円

＜カテゴリー化＞
900円～1,000円未満
1,000円～1,100円未満
1,100円～1,200円未満
1,200円～1,300円未満
1,300円～1,400円未満

カテゴリー化すること
でクロス集計で傾向を
把握しやすくなる。

▶ 図 5.2.5　回答反応個数、数値回答のカテゴリー化

【ブランド認知】

あなたが、ご存じのブランドを
すべてお選びください。

1. ブランドA
2. ブランドB
3. ブランドC
4. ブランドD
5. ブランドE
6. ブランドF
7. ……
8. ……
9. どれも知らない

いずれか
認知者に
絞り込み

【ブランド購入経験】

あなたが、購入したことがある
ブランドをすべてお選びください。

1. ブランドA
2. ブランドB
3. ブランドC
4. ブランドD
5. ブランドE
6. ブランドF
7. ……
8. ……
9. どれも購入したことはない

いずれか
購入経験者
に絞り込み

【ブランド現在利用】

あなたが、普段購入している
ブランドをすべてお選びください。

1. ブランドA
2. ブランドB
3. ブランドC
4. ブランドD
5. ブランドE
6. ブランドF
7. ……
8. ……
9. どれも購入していない

インターネット調査では、矛盾回答をなくすため、
・ブランド購入経験の質問は「いずれかのブランドを認知している方」
・ブランド現在購入の質問は「いずれかのブランドを購入した経験がある方」
と対象者を絞っていくことが一般的

市場全体の浸透度を把握したいときは
「購入経験者」「現在購入」の集計ベースを「全体ベース」に修正する

▶ 図 5.2.6　集計ベースの修正

クロス集計の基本的な用語・読み方を理解する

　クロス集計とは「2つの変数をクロスさせて相互の関連を見るもの」を言います。図5.3.1をもとに、クロス集計の基本的な用語を説明します。

　傾向を掴みたい変数を「表側（クロス軸・集計軸・分析軸・BD軸）」、表側により傾向を見たい変数を「表頭」、クロス集計の母集団（図5.3.1の場合は600ss）を「表肩」と言います。

　n=() と記載している列がサンプルサイズになります。図5.3.1の場合、全体で600ss、年代ごとに100ssの均等割付になります。升目の数字は「%」表示です。全体のPCの35.2%は「600人中35.2%がPCと回答している」ことを意味します。表頭が単一回答のときは合計が100%、複数回答のときは合計が100%を超えます。

　クロス集計の内容を伝えるときは「表側→表頭」の順で説明します。図5.3.1では「年代別に見たインターネットの利用端末の割合」と呼びます。表肩を「全国」から「首都圏居住者」に絞ったときは、「首都圏居住者の年代別に見たインターネットの利用端末の割合」と呼びます。

● クロス集計を読むときは「視線の方向」に注意する

　クロス集計を読むときは「視線の方向」に注意します。クロス集計は、表側（例：年代）による傾向の違いを把握するため「縦方向に見る」ことが基本です。図5.3.2の場合、全体のPCの割合は35.2%ですが、10代から60代に視線を動かすとスコアが上昇しています。一方、スマホ・タブレットは、逆の動きになります。ここから「年代が上がるほどPC、年代が下がるほどスマホ・タブレットでインターネットを使う割合が高い」と読み取れます。

　調査会社が提供するクロス集計には、集計結果を読みやすくするため、全体のスコアと比べて、5pt、10pt高い／低いスコアにハッチングされていることが多いです。これを参考にクロス軸間の傾向を把握していきます。

148

クロス集計は縦方向に見ることが基本ですが、1つの軸（例：40代）の傾向を見たいときは、その軸を「横方向に見る」流れになります。図5.3.2を見ると、40代はPCよりもスマホ・タブレットのスコアが高いですが、50代ではスコアが逆転しています。ここから「40代から50代にかけて利用端末が逆転している」ことが読み取れます。横方向に見ることで変曲点を掴むことができます。

表肩 クロス集計の 集計母集団		n=	表頭　**表側により傾向を見たい変数** Q. あなたが普段、インターネットを使う際に、 　多く使う端末はどちらですか？	
			PC	スマホ・タブレット
全体		(600)	35.2	64.8
年代別	10代	(100)	10.2	89.8
	20代	(100)	15.3	84.7
	30代	(100)	20.1	79.9
	40代	(100)	35.4	64.6
	50代	(100)	55.3	44.7
	60代	(100)	75.0	25.0

表側
傾向を掴みたい変数
クロス軸、集計軸、
BD軸とも言います

▶ 図5.3.1　クロス集計の用語

表肩 クロス集計の 集計母集団		n=	表頭　**表側により傾向を見たい変数** Q. あなたが普段、インターネットを使う際に、 　多く使う端末はどちらですか？	
			PC	スマホ・タブレット
全体		(600)	35.2	64.8
年代別	10代	(100)	10.2	89.8
	20代	(100)	15.3	84.7
	30代	(100)	20.1	79.9
	40代	(100)	35.4	64.6
	50代	(100)	55.3	44.7
	60代	(100)	75.0	25.0

表側
傾向を掴みたい変数
クロス軸、集計軸、
BD軸とも言います

視線は「縦に見る」ことが基本

▶ 図5.3.2　クロス集計の読み方

クロス集計は「2つの活用パターン」を押さえる

　クロス集計のパターンは、(1) 表側に「属性」、表頭に「傾向を見たい変数」を設定する、(2) 表側に「原因」、表頭に「結果」と推測される変数を設定する (逆のケースもあります)、の2つに集約されます。この2つでクロス集計の大部分をカバーできます。

【パターン1】表側に「属性」、表頭に「傾向を見たい変数」を設定する

　表側に「属性」を設定するパターンは、クロス集計の基本です。表側には、「性別」「年代別」「性別×年代別」「世代別」「ライフステージ別」「エリア別」「職業別」「世帯年収別」などがよく用いられます。

　図5.3.3に示す「年代別の不安や悩み」のクロス集計では、10〜20代で「趣味・生きがい」「友人や知人との良好な関係作り」「進学、就職、結婚などの問題」、20〜40代で「現在の収入や資産」に不安を感じる傾向が強い。その後、30代から「親の健康」「親の老後の介護」、50代以上は「自分の老後の介護」と不安の対象者が変化していく様子が読み取れます。

【パターン2】表側に「原因」、表頭に「結果」と推測される変数を設定する

　もう1つのクロス集計のパターンは、表側に「原因」、表頭に「結果」と推測される変数を設定する方法です。表側には、「使用・購入頻度別」「利用ブランド別」「顧客ピラミッド別」「利用きっかけ別」「利用シーン別」「利用目的別」「広告接触別」「満足度別」「購入意向別」などがよく用いられます。表側に「原因」と推測される変数を設定することが基本ですが、「結果」を設定することもあります。

　図5.3.4に示す「生活ゆとり別の生活満足度を上げるために必要な要素」のクロス集計では、ゆとりがなくなってきた人は「経済面の確保」、ゆとりが出てきた人は「生活の質的向上」を求める傾向が読み取れます。

表側は「クロス軸間で、回答者ができるだけ重複しない」状態にする

　表側は「クロス軸間で、回答者ができるだけ重複しない」ように設定します。年代別では、いずれかの年代に割り振られるため重複は発生しません。
　一方で、普段利用するコンビニを複数回答で聴取し、クロス軸に設定する

場合、ある回答者が「セブン‐イレブン」「ローソン」「ファミリーマート」の全てを回答すると、その回答者は3つの軸全てに含まれてしまい、クロス軸間の違いが見えにくくなります。

実務上は、加入きっかけ別、利用シーン別などをクロス軸に設定すると若干の重複が生じますが、できるだけ重複がないように意識します。

あなたの生活の中で、不安や悩みを感じていることをすべてお選びください。（いくつでも）

		自分の健康	親の健康	進学、就職、結婚などの問題	現在の収入や資産	今後の収入や資産の見通し	趣味・生きがい	友人や知人との良好な関係づくり	自分の老後の介護	親の老後の介護	子どもの将来
全体	(10,397)	43.8	27.3	10.7	37.1	44.4	15.8	8.0	35.4	33.4	21.5
10代	(314)	24.8	20.4	40.8	30.6	32.5	28.3	24.2	18.8	18.8	3.2
20代	(1,568)	31.8	23.8	24.1	42.6	42.5	24.7	12.6	20.2	26.4	11.8
30代	(1,970)	40.5	31.1	12.8	44.7	49.5	17.0	9.3	29.8	39.4	27.2
40代	(2,314)	43.0	32.8	9.3	42.5	48.7	14.0	7.3	36.2	43.7	27.1
50代	(1,951)	47.8	32.4	5.4	35.4	47.3	13.5	5.2	44.0	39.4	22.5
60代	(2,280)	54.9	17.6	1.5	23.5	36.1	10.5	4.7	44.6	19.3	19.3

（年代別）

※全体よりも5pt、10pt高い／低い項目にハッチング

▶ 図5.3.3　クロス軸に「属性」を設定する

生活の満足度を上げるために必要なもの（いくつでも）

		生計維持のための収入・仕事の確保	職業能力の維持・向上（学び直し、キャリアアップなど）	自由になるお金（金融資産）の確保	趣味やライフワークの確保	健康の維持・管理や健康づくり	友人や知人との良好な関係づくり
全体	(10,397)	43.2	15.9	58.0	32.2	48.1	28.3
苦しくなってきた	(3,780)	51.3	18.9	63.5	30.7	45.3	27.2
どちらともいえない	(5,789)	38.3	13.1	54.8	31.7	49.1	27.7
ゆとりがでてきた	(828)	40.1	21.7	55.2	42.5	53.4	37.2

（生活のゆとり）

※全体よりも5pt、10pt高い／低い項目にハッチング

▶ 図5.3.4　クロス軸に「原因」と推測される項目を設定する

クロス軸（集計軸）は「属性」「行動」「意識」の視点で考える

図5.3.5に、アンケートでの活用頻度が高いクロス軸を掲載しています。クロス軸は「属性」「行動」「意識」の視点から考えることが重要です。

属性では、「性別」「年代別」「性別×年代別」を基本に、「世代別」「ライフステージ別」「世帯形態別」「エリア別」「職業別」「年収別」などがあります。消費者が多様化する中では、有用度が低くなっています。

行動面では、「カテゴリーの利用状況」に加えて、「利用ブランド」「自社ブランドの浸透度」「自社の顧客ピラミッド」などがよく活用されます。ニーズが反映されやすい「利用きっかけ」「利用シーン」もクロス軸の候補になります。また、不満点などを詳細に知りたい場合は、「カテゴリーのヘビー利用者」「先行性セグメント」で傾向を把握することがあります。消費者の行動は、何かしらのニーズが反映された結果であることが多く、マーケティング上の有用度は高いです。

意識面では、「NPS」「愛着度」「今後継続意向」などのロイヤルティ指標がよく活用されます。また、「重視点・こだわり」「カテゴリー意識（関与度）」などの価値観からセグメンテーションすることもあります。

「行動と意識」「量と質」の組み合わせでクロス軸を設定する

消費者を理解するには、「行動と意識」「量と質」などの組み合わせを意識することがポイントです。

『たった一人の分析から事業は成長する 実践 顧客起点マーケティング』[1]等の多くの著書を持つ西口一希氏が提唱する9Segs（セグ）が該当します。同氏は「認知」「購買経験」「現在購買頻度」「次回購買意向」がマーケティング成果との相関が高いとして、4つを組み合わせたセグメンテーションを提唱しています。

上記以外では、LANDと呼ばれる分類があります（図5.3.6の左）。これは「ブランド購入経験」と「ブランド購入意向」から、Loyalty層、Ability層、Non層、Decay層に分類し、各セグメントの特徴を分析していく方法です。

「量と質」の組み合わせでは顧客ロイヤルティ[2]が代表例です（図5.3.6の右）。購入金額や購入頻度などの「行動ロイヤルティ」と、愛着度や他人推奨意向などの「態度ロイヤルティ」から4つのタイプに分類します。

視点		比較例
①	属性	✓ 性別、年代別（5歳、10歳刻み）、性別×年代別 ✓ 世代別（Z世代、Y世代、X世代）、性別×世代別 ✓ ライフステージ別、世帯形態別、エリア別、職業別、年収別
② 購買 行動	行動	**＜カテゴリー全体＞** ✓ カテゴリー利用回数（利用頻度）、利用金額 ✓ 利用ブランド（自社利用者、競合利用者） ✓ ブランド併用状況（単一ブランド利用者、ブランド併用者） ✓ 利用きっかけ、利用シーン、利用目的 ✓ イノベーター分類（イノベーター、アーリーアダプター…） ✓ 先行性セグメント（どの商品も満足できず、特定ブランドに定着していない人） **＜個別ブランド＞** ✓ 浸透度（認知者、利用経験者、現在利用者、メイン利用者） ✓ 顧客ピラミッド 　（未認知顧客、認知・未購買顧客、離反顧客、一般顧客、ロイヤル顧客） ✓ 利用頻度（ヘビー利用者、ミドル利用者、ライト利用者） ✓ 特定の行動有無（例：広告接触者／非接触者）
	意識	✓ NPS、愛着度、継続購入意向 ✓ 純粋想起（第一想起者、全想起者、非想起者） ✓ 重視点・こだわり、カテゴリー意識
	行動 × 意識	✓ 9Segs（認知×購買経験×現在購買頻度×次回購買意向） 　※西口一希氏が提唱したセグメント ✓ LAND（ブランド購入経験×ブランド購入意向） ✓ 顧客ロイヤルティ（行動ロイヤルティ×態度ロイヤルティ）

▶ 図5.3.5　**アンケートでの活用頻度が高いクロス軸**

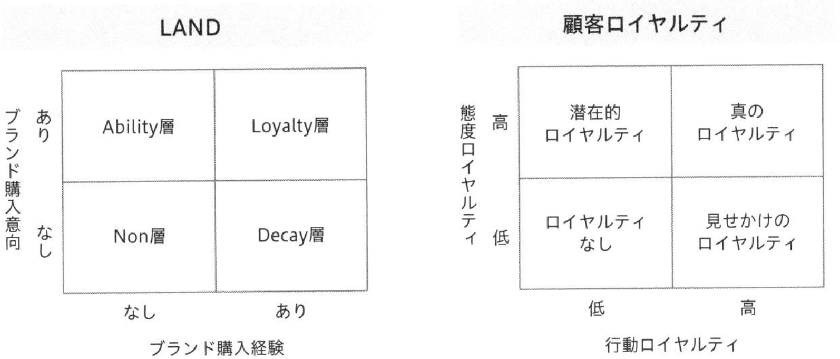

LAND

	なし	あり
あり	Ability層	Loyalty層
なし	Non層	Decay層

ブランド購入意向（縦軸：あり／なし）　ブランド購入経験（横軸：なし／あり）

顧客ロイヤルティ

	低（行動ロイヤルティ）	高
高（態度ロイヤルティ）	潜在的ロイヤルティ	真のロイヤルティ
低	ロイヤルティなし	見せかけのロイヤルティ

出典：（右図）Dick, A.S. and K. Basu "Customer Loyalty; Toward an Integrated
　　　　Conceptual Framework", Journal of the Academy of Marketing Science（1994）＊2
注：日本語訳は著者によるもの

▶ 図5.3.6　**「行動と意識」「量と質」を掛け合わせる**

クロス集計を実施するときの注意点

　クロス集計を実施するときは、3.7で説明した、「ウェイトバック集計」「ブーストサンプル」に気を付けましょう。

● ウェイトバック集計の注意点「母集団構成比はわかっている?」

　ウェイトバック集計とは「ある調査の構成比を、母集団構成比に合わせて補正集計すること」を言います。均等割付など、市場構成を反映していない調査の場合、全体結果は参考値になります。そこで、図5.3.7に示すように、母集団構成比に合わせて調査回答者の構成比を修正して、理論上の集計値を算出します。

　ウェイトバック集計を実施するには、事前に母集団構成比がわかっている必要があります。国勢調査を活用することが多いですが、スクリーニング調査の結果を用いて母集団構成比を算出する方法もあります。また、補正値（ウェイト値）を設定したい対象の合計が100%になっている必要があります。補正値は、1人に1つのスコアが付与されるため、1人が複数のセルに所属していると補正値の算出ができない点に注意が必要です。

　ウェイトバック集計を実施すると、ウェイトバック集計前後のサンプルサイズが集計表に併記されることが多いです。分析時は、ウェイトバック集計前のサンプルサイズを用います。なお、補正値の上限の考え方は、3.7を参照してください。

● ブーストサンプルの注意点「一般層の傾向把握には混ぜない」

　ブーストサンプルとは、一般層（均等割付や母集団構成比に合わせた割付）とは別に、特に知りたい対象者を「ブーストサンプル」として一定数（100～150ss）確保することを言います（3.7参照）。

　ブーストサンプルは分析の幅を広げてくれる一方で、集計・分析の段階では注意が必要です（図5.3.8）。一般層（1,000ss）の傾向を把握したいときは、全体（1,150ss）からブーストサンプルの回答者（150ss）を除いて集計します。一方、自社利用者の特徴を見るときは、「一般層の自社利用者（15ss）」と「ブーストサンプル（150ss）」を合計した回答者（165ss）で分析していきます。

調査回答者・母集団構成比	サンプルサイズ	調査構成比	母集団構成比
男性20代	250	25	19.5
男性30代	250	25	22.9
男性40代	250	25	30.2
男性50代	250	25	27.4
計	1,000	100	100

補正値（ウェイト値）	ウェイト値
男性20代	0.78
男性30代	0.92
男性40代	1.21
男性50代	1.1

ウェイト値 ＝
母集団構成比／調査構成比

ウェイトバック集計後	サンプルサイズ	調査構成比	母集団構成比
男性20代	229	19.5	19.5
男性30代	269	22.9	22.9
男性40代	229	30.2	30.2
男性50代	273	27.4	27.4
計	1,000	100	100

【ウェイトバック集計の実施上の注意点】

- ✓ 事前に、母集団構成比がわかっていることが必要。2次データがない場合は、スクリーニング調査から算出する
- ✓ 補正値に設定したい対象の合計が100％になっている（＝複数セルに該当しない）
- ✓ 補正値に設定したい対象（例：男性20代）が0人でない（0人の場合、補正しても0になる）
- ✓ 補正値の上限よりも、補正する対象のサンプルサイズを増やすことを意識する

▶ 図5.3.7　ウェイトバック集計の実施イメージ・注意点

【一般層】

	10代	20代	30代	40代	50代
男性	80	83	98	129	117
女性	76	80	95	126	116

一般層：1,000ss
自社利用者：15ss

【ブーストサンプル】

自社利用者
150

自社利用者：150ss

【一般層の傾向を見たい】

ブーストサンプルは含まずに、
一般層（1,000ss）だけで分析する

【自社利用者の傾向を見たい】

一般層の自社利用者（15ss）
＋ブーストサンプル（150ss）
を合算して分析する

▶ 図5.3.8　ブーストサンプルの集計・分析時の留意点

自由回答の分析方法

自由回答は「定量化＋定性情報」で傾向を把握する

　自由回答とは、「選択肢形式でなく、質問に対して回答者が自由に文章や単語で記入する」回答形式です。具体的には、（1）単語（もしくは1文）で記述する形式、（2）長文形式で記述してもらう形式に分かれます。

● 単語形式は「アフターコーディング」で定量化する

　ブランドの純粋想起などを単語形式で聴取した場合は、各ブランドの回答数をカウントする「アフターコーディング」が分析の中心になります。

　純粋想起は、回答欄を5つほど設定し、思いつく順にブランドを記載する形式が一般的です。最初に記入されたブランドを「トップ・オブ・マインド（第一想起）」と呼びます。第一想起は、市場シェアとの相関が高いため、マーケティング上の重要指標です。また、いずれかの回答欄に記入された割合を「マインドシェア」と呼びます。想起されないブランドは購入される可能性が低くなるため、想起集合も重要な指標になります。

● 長文形式は「アフターコーディング」「テキストマイニング」を活用する

　長文形式の場合、（1）一覧表、（2）項目分類、（3）アフターコーディング、（4）テキストマイニングなどの分析方法があります。

　一覧表とは、回答データに「年齢」「利用ブランド」などの付加情報を追加した表です。どのような意見があったかを1つずつ見ていく方法です。

　項目分類とは、商品の満足度、コンセプトの購入意向などを「良い評価・悪い評価」「機能、価格、使い勝手」などにざっくり分類する方法です。

　アフターコーディングとは、自由回答の中から類似の回答をまとめ上げてカテゴリーに分類し、少数の選択肢に絞り込んでいく方法です。選択肢として定量化することで、クロス集計を実施することができます。

　テキストマイニングとは、大量の文章データから有益な情報を抽出する分

析手法です。自然言語処理を活用して、文章を形態素解析（品詞分解）し、キーワードの出現頻度や関係性を分析します。単語間の共起性をネットワーク図で表示する「共起ネットワーク」が有名です。

アフターコーディング、テキストマイニングは、自由回答を定量化できる点がメリットですが、文章を単語に切り分けることで、文脈が伝わりにくくなります。そのため、代表的な自由回答も一緒に掲載することで、具体的なイメージを湧きやすくさせる工夫が必要です。

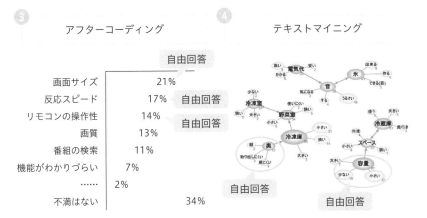

▶ 図5.4.1　自由回答（長文形式）の分析方法

データ解釈・考察のポイント

データ解釈・考察、レポート作成のステップ

　集計結果をもとにデータを解釈・考察し、リサーチ課題（リサーチを通じて明らかにすべき点）に対する結論、今後のアクションを検討していきます。図 5.5.1 に、データ解釈・考察、レポート作成のステップを掲載しています。

＜STEP1＞調査目的・仮説を明確化し、主要質問を再確認する

　30問のアンケートがあった場合、全ての調査項目の重要度が同じということはありえません。調査項目は、（1）調査目的の回答に直結する「重要な質問（本丸データ）」、（2）本丸データを支える「補完的な質問（脇役データ）」に分かれます。最初に「調査で何を明らかにすべきか？」といった調査目的を再確認した後、「主要なクロス軸、重要な質問（本丸データ）」を特定することで、最初に確認すべき箇所を明確化します。

＜STEP2＞主要質問の結果を確認し、データを深掘りしていく

　主要な集計結果を確認し、全体感を把握するとともに、仮説が検証／反証されたかをチェックします。筆者の実務経験上、このタイミングでは、9割ぐらいが当然の結果になることが多いです。ここで終わると、「アンケートした意味はあったの？」と言われるリスクが高まります。

　ここからが本当のデータ分析です。「何か違和感はないか？」「＋αの視点はないか？」と、データと向き合う時間を作ります。追加のクロス軸の設定・集計ベースの絞り込みなどを通じて、データを深掘りしていきます。

　目的を強く意識し、データとデータをつなぎ合わせながら、頭に絵が描けるまで観察のSo What? を積み上げることが重要です。観察のSo What? を踏まえて、洞察のSo What?（だから何？ どうしてそうなの？ このままだと、どうなるの？）につなげていきます。

● ＜STEP3&4＞仮の結論・ストーリーを固めて、レポートにまとめていく

STEP2を通じて、仮の結論を考えます。「仮」である理由は、レポートを作成する過程で若干の修正が生じる可能性があるためです。仮の結論が固まった後は、「サマリーのストーリーライン」を作成します。

その後、ストーリーラインに沿ってメッセージに即したグラフを作成し、サマリーに仕上げていきます。最後に、エグゼクティブサマリーを作成し、レポートを完成させます。

実施ステップ	詳細
【STEP1】 調査目的・仮説の再確認	✓ 調査目的、仮説をもとに、「調査を通じて何を明らかにするのか？」を再確認する ✓ 上記を実現するために、主要なクロス軸、重要な質問（本丸データ）をチェックする
【STEP2】 仮説検証・深掘り	✓ クロス集計をもとに、全体感を把握するとともに、仮説が検証／反証されたかをチェックする ✓ 何か違和感はないか？ +αの視点はないか？と、データと向き合う。ここが本当のデータ分析 ✓ データを深掘りしながら、観察のSo What?と洞察のSo What?を実施する
【STEP3】 仮の結論・ ストーリーを固める	✓ リサーチ課題に対する仮の結論を出す ✓ 仮の結論をもとに、ストーリーラインを作成する。サマリーページの構成を考える
【STEP4】 レポートを作成する	✓ ストーリーラインに沿って、メッセージに即したグラフを作成し、サマリーを仕上げる ✓ エグゼクティブサマリーを作成し、レポートを完成させる

▶ 図 5.5.1　**データ分析のステップ**

データを解釈・考察するときのポイント

　集計結果をもとに、データを解釈・考察していく際は、（1）ギャップを生み出すことにこだわる、（2）安易に数値をまとめない、（3）数値の背後にあるニーズ・想いを妄想する、（4）バイアスの罠を意識する、（5）観察のSo What？を積み上げる、ことが重要です（図5.5.2）。

● ビジネスの問題点・打ち手は「ギャップ」に潜むことが多い

　データ分析とは「比較を通じて、意味合いを抽出する」ことを言います。ビジネスの問題点・打ち手はギャップに潜むことが多く、比較を通じて、うまくギャップを生み出すことが大事です。

　集計結果からギャップを見つけるには、図5.5.3に示すように、（1）グラフで可視化する、（2）クロス軸の差分で並び替える、（3）2軸から考える、（4）A but Bの状態を創り出す、などを意識します。

　グラフの可視化では、奇麗なグラフを作る必要はありません。筆者は、Excelでの操作が簡単な「折れ線グラフ」を中心に、クロス軸（集計軸）のスコアを比較しています。また、クロス軸数が多い場合は、「データバー」で可視化しています。「奇麗さ」よりも「効率」を重視します。

　クロス軸の差分を並び替えるでは、選択肢数が多く、どの選択肢のスコア差分が大きいかを把握しにくいときに活用します。例えば、愛着者と非愛着者、購入意向者と非購入意向者のスコア差分を算出し、差分で降順ソートすると、示唆が発見しやすくなります。

● 2軸にすることで「A but B」の状態を創り出す

　上記に加えて、「重視×満足」「認知×魅力」「重視×想起」などの2軸で考えることも有益です（3.8参照）。1軸では当たり前の結果も、2軸にすることで、示唆が発見しやすくなります。

　2軸で考えると近い概念で、A but Bの状態を創り出すことも大事です。「年平均3回の利用回数なのに、10回以上利用する方」「夜利用が大半なのに、昼に利用している方」「直近利用開始で、すでにロイヤル顧客」など、特異な状況にある方を分析することで、示唆を得られるケースが多いです。

① ギャップを生み出すことにこだわる

② 安易に数値をまとめない

③ 数値の背後にあるニーズ・想いを妄想する

④ バイアスの罠を意識する

⑤ 観察の So What ？を積み上げる

▶ 図5.5.2　データの解釈・考察で意識すべき視点

① グラフで可視化する

② クロス軸の差分で並び替える

③ 2軸から考える

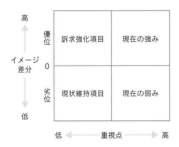

④ A but Bの状態を創り出す

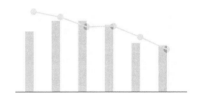

商品の利用回数は「年平均3回」

VS

一部の顧客は「年10回」も利用

この商品は「夜」の使用を想定

VS

一部の顧客は「昼」にも使用

この違いは？
気付いていない
ニーズ・使い方
がある？

▶ 図5.5.3　集計結果から「ギャップ」を見つける切り口

161

Top2、平均値、相関係数などで「安易に数値をまとめない」

集計結果を「Top2」「平均値」などに縮約して分析する方は多いです。具体的には、満足度や重視点、意識質問などを5段階評価で聴取したにもかかわらず、Top2（○○・計）だけで分析する、利用金額や世帯年収などを平均値（加重平均値）だけで分析するケースです。

安易に数値をまとめることは、データ分析の効率が上がる一方で、有益な情報を捨てている可能性があります（図5.5.4）。

満足度の例で説明します。パターン1は、2つともに「満足度（Top2)」が50%で同じです。ただし、「非常に満足」のスコアを考慮すると、1-1のほうが満足度は高いです。また、パターン2では、加重平均値が3.0で同じですが、2-2のほうが改善余地は大きいです。

平均値、相関係数を使う際には、最初に分布を確認することが大事です。ビジネスでは、山が2つの二峰性、右肩下がりの分布が多く見られます。この状況では、平均値ではなく、中央値もしくは最頻値で傾向を分析する必要があります。また、分布を見ることで、分布に応じたセグメンテーションが可能になり、全体では見えなかった示唆を見つけやすくなります。分布を見てから、適切な数値・切り口で分析することが重要です。

人間は「善意のウソ」をつく。回答者の「ニーズ・想い」を妄想する

人間は、社会的規範や世間体、見栄などから善意のウソをつくことがあります。選挙の事前投票意向と実際の投票率が違うのがわかりやすい例です。また、顧客満足度調査において、営業担当などの人物評価は、営業担当者を喜ばせたいという心理が無意識に働き、評価が高くなる傾向があります。

アンケートデータは、客観的には正確でないにしても、心理的には正しいデータであることを意識しましょう。数値の正確さを追うよりも、対象者の心理（ニーズ・想い）を読み取ることが大事です。

図5.5.5の「サラダマック」の事例にあるように、直接的な回答だけを信じるのではなく、その背景にある「マクドナルドを利用しようと思ったときの気持ち・状況」「頭に思い浮かんだ競合」を聴取し、複数のデータをつなぎ合わせ、対象者が「マクドナルドでヘルシーなものを食べたいニーズ・想いがあるのか」を推測していくことが重要です。

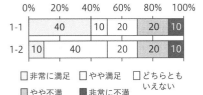

Top2、加重平均値

<パターン1>

Top2は「同じ50%」でも、満足度は異なる

	0%	20%	40%	60%	80%	100%
1-1	40		10	20	20	10
1-2	10	40		20	20	10

□非常に満足　□やや満足　□どちらとも
　　　　　　　　　　　　　　いえない
■やや不満　■非常に不満

<パターン2>

加重平均値は「同じ3.0点」でも、改善余地に
違いが見られる

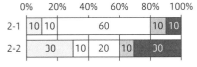

	0%	20%	40%	60%	80%	100%
2-1	10	10	60		10	10
2-2	30	10	20	10	30	

□非常に満足（＋5）　　　□やや満足（＋4）
□どちらともいえない（＋3）　■やや不満（＋2）
■非常に不満（＋1）

平均値、相関係数

多くの人は「平均値＝正規分布」と想起するが、
現実には、正規分布にならないことがある

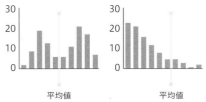

平均値　　　　　　　　平均値

相関係数は「曲線」「外れ値」があると、
相関がないように見える

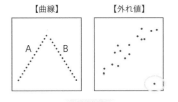

【曲線】　　　　　　　　【外れ値】

セグメンテーションもしくは、外れ値に
近い方の特徴を分析する

▶ 図5.5.4　**Top2、平均値、相関係数などで「安易に数値をまとめない」**

✓ アンケートで「どんな商品が欲しいですか？」と聞くと、「低カ
ロリー」「オーガニック」「ヘルシー」が毎回上位にランクイン

✓ 2006年に「サラダマック」を発売したが、売上が上がらず、ほ
どなく撤退

✓ その後、ハンバーガーの肉量を大幅に増やした「メガマック」
「クォーターパウンダー」を発売。若い女性が普通に食べてい
て、大ヒット

✓ 建前は「健康に配慮した自分でありたい」だが、本音は「お肉
たっぷりのハンバーガーにかぶりつきたい」だった

「利用時の気持ち」「頭に思い浮かんだ競合」などを聴取して、
回答者の気持ちを想像することが重要

▶ 図5.5.5　**マクドナルド「サラダマック」の失敗**

「バイアスの罠」を意識して数値を見る

バイアスとは「インプットした情報から判断するまでに生じる、統計的に推論が不可能な誤差」を言います。アンケートデータの解釈・考察では、(1)選択バイアス、(2)確証バイアス、(3)交絡バイアスに注意が必要です。

選択バイアスとは、対象者を抽出する際のバイアスです。インターネット調査の回答者は「インターネットのリテラシーが高く、高学歴の割合が高い人」が多いです。これを意識して数値を見ることが必要です。

確証バイアスとは、自分の仮説や信念に整合する情報ばかり集め、それらに矛盾する情報を無視または集めようとしないことを言います。これを回避するには、自分の仮説を否定する情報を集めることが有効です。多くの情報を集めた上で、自分の仮説が正しいか（自分の仮説を否定する情報が少ないか）を判断していきます。

交絡バイアスとは、2つの事柄の関係を見るときに見かけ上の相関が発生するバイアスです。背後に隠れて存在する交絡因子（第3因子）が影響しています。アンケートでは、認知未購買顧客から一般顧客、一般顧客からロイヤル顧客に育成するポイントを探るために、両者の違いを比較したいシーンがあります。そのとき、年代や関与度の影響が大きく、両者のスコア差がどの要因によるものか把握しにくいことがあります。その場合は、年代や関与度などを同じ条件で層別に分割して比較することで、両者の違いを把握しやすくなります。

目的を意識し、「観察のSo What?」を積み上げると、天啓が降りてくる

図5.5.6に、意味合いを抽出する頭の使い方を提示しています。重要なのは「目的を強く意識し、観察のSo What?を積み上げる」ことです。

一般的に、So What? は「だから何？ 要するに？」など、短い文章で抽象化した表現をするイメージが強いと思います。実は、So What? には「観察のSo What?」と「洞察のSo What?」があります。

観察のSo What? とは「事実→事実、アクション→アクションなど、同じ次元で、複数の事実・情報から言えることを要約すること」を言います。聞いた相手が同じ絵を描けるようにまとめることがポイントです。図5.5.6の下段に示すように、観察のSo What? のステップを踏まないと、洞察のSo

What? の精度が落ちることになります。

　最初に、何に答えを出すべきかを疑問形で考えた後、複数の質問から事実を並べて絵が思い浮かぶように、観察の So What? を行います。スティーブ・ジョブズがスピーチでも使った「Connecting the dots（点と点をつなげる）」を意識し、対象者の背景や想いを考えることが重要です。

　観察の So What? を積み上げた後は、洞察の So What?（だから何なの？）を問いかけます。必要に応じて「背景の洞察」と「将来の洞察」を問いかけます。筆者の経験では「観察の So What? を積み上げていくと、天啓（洞察の So What?）が降りてくる」感覚が強いです。洞察の So What? を行った後は、「では、どうする？」と問いかけて、行動・提案を考えます。

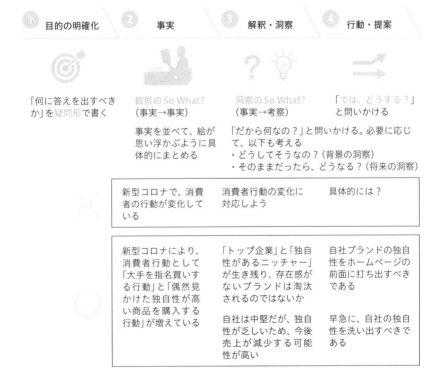

▶ 図5.5.6　意味合いを抽出するための頭の使い方

レポートを作成して、調査目的に結論を出す

良いレポート＝「見やすい」×「納得感のあるストーリー」

5.5において、データを解釈・考察するポイントを説明してきました。本節では、PowerPointを想定したレポート作成のポイントを説明します。図5.5.1のSTEP3〜STEP4に該当します。

どんなに優れたデータ分析を行っても、読み手にその価値が伝わらないと意味がありません。良いレポートとは「見やすいことを絶対条件に、納得感のあるストーリー展開がされているレポート」です。

クロス集計などで様々な結果を読み込んだ立場からすると、「あれもこれも伝えたい」と情報を詰め込みたくなります。一方、情報を詰め込み過ぎると、視認性が悪化し、分析結果の理解度が低下します。調査依頼者が知りたい「調査目的に対する結論とその根拠」に情報を絞る勇気が必要です。

● レポート構成は「エグゼクティブサマリー」の位置が大事

図5.6.1の上段に、レポートの体系図を掲載しています。レポートは、(1) 調査で明らかにすべき点を整理する「分析概要」、(2) 調査目的に対する結果を提示する「サマリー」、(3) 結果のまとめ、今後に向けた提案を提示する「エグゼクティブサマリー」から構成されます。

図5.6.1の下段に、レポート構成を掲載しています。レポートの体系図の流れがベースになりますが、「最初と最後にエグゼクティブサマリーを置く」ことがポイントです。

エグゼクティブサマリーを最初に置く理由は、(1) 時間がない役職者がこの部分を読めば全体像を把握できる、(2) 最初に結論がわかると、残りのページを答え合わせのように聞くことができるため理解度が高まる、(3) 最初に結論を伝えているため、優先度が低いページの説明を割愛できる、などのメリットがあるためです。

一方、後半のエグゼクティブサマリーは、冒頭と同じ「結果のまとめ」を用いて、参加者の頭を再整理します。分析者と参加者の前提を揃えた後に、「今後に向けた提案」を話すことで、提案の納得度が高まります。

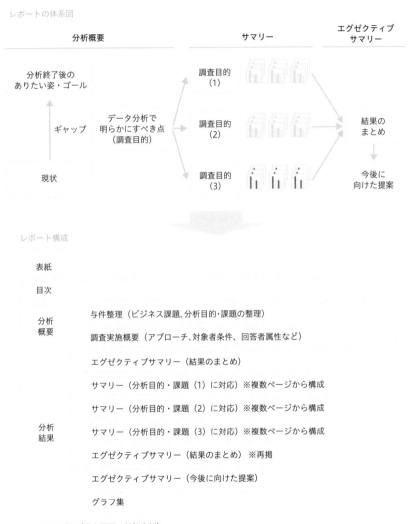

レポートの体系図

分析概要		サマリー		エグゼクティブサマリー

レポート構成

表紙	
目次	
分析概要	与件整理（ビジネス課題、分析目的・課題の整理）
	調査実施概要（アプローチ、対象者条件、回答者属性など）
	エグゼクティブサマリー（結果のまとめ）
	サマリー（分析目的・課題（1）に対応）※複数ページから構成
	サマリー（分析目的・課題（2）に対応）※複数ページから構成
分析結果	サマリー（分析目的・課題（3）に対応）※複数ページから構成
	エグゼクティブサマリー（結果のまとめ）※再掲
	エグゼクティブサマリー（今後に向けた提案）
	グラフ集
Appendix（調査画面・付随資料）	

・レポートの枚数が少ないときは、後半のエグゼクティブサマリーを前半に統合することもあります。

▶ 図5.6.1　レポートの体系図とレポート構成

サマリーページは「縦の論理」を意識して作成する

　図5.6.2に、サマリーページの構成要素・レイアウト、各要素の文章イメージを掲載しています。

　ページタイトルは、このページで答えるべき「問い」です。「自社の市場浸透度はどうなっているのか？」など、疑問形で考えながら、スライド上は体言止めで記載します。

　メッセージ（結論）は、問いに対する「結論」です。事実（ファクト）ベースで、50文字以内を目安にまとめます。考察は、エグゼクティブサマリーで記載するため、基本的に書かないようにします。ただし、エグゼクティブサマリーで伝えたいポイントを余白などに書いておくと、この後の作業がスムーズになります。

　コメント（結果）は、チャートから読み取れる事実を、数値や統計用語を踏まえて記載したものです。作成しないケースもありますが、グラフのどこを見るべきかの指針になるため、基本は書いたほうが良いでしょう。

　チャート（グラフ・図解）は、メッセージに即したグラフを作ります。比較方法から適したグラフを作成し、詰め込み過ぎないようにします。

　サマリーページは「縦の論理」を意識して作成することが重要です。「問い」に対する「結論」をメッセージで記載し、その根拠を「コメント」「チャート」で表現します。筆者は「ページタイトルとメッセージ（結論）を読むと、レポートの全体像がわかる」ことを意識して作成しています。

● サマリーページを上手に作るコツは「相手との会話・反応を想像する」

　サマリーページは、アンケート分析の中心的な存在です。アンケートを実施した価値を決める要素になります（図5.6.3）。

　サマリーページを上手に作るコツは、調査結果の読み手／聞き手との会話・反応を想像して作成することです。調査目的をベースに、相手が感じる疑問をページタイトルに置き、その答えをメッセージ（結論）に書きます。その結論に対して、相手が新たに浮かぶ疑問を次ページのページタイトルに書き、その答えをメッセージ（結論）に書く…という感じで、読み手／聞き手との会話を意識すると、納得感のあるサマリーになりやすいです。

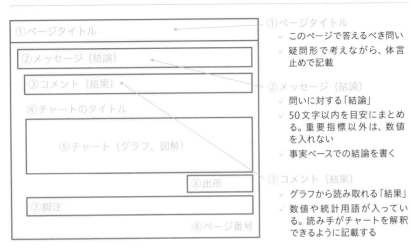

① ページタイトル
- このページで答えるべき問い
- 疑問形で考えながら、体言止めで記載

② メッセージ（結論）
- 問いに対する「結論」
- 50文字以内を目安にまとめる。重要指標以外は、数値を入れない
- 事実ベースでの結論を書く

③ コメント（結果）
- グラフから読み取れる「結果」
- 数値や統計用語が入っている。読み手がチャートを解釈できるように記載する

各要素の文章イメージ

【例】自社の売上を上げるために、どこを改善したらいいのか？

ページタイトル	✓ 主要ブランドのファネル比較
コメント（結果）	✓ 競合Aが認知率、店頭接触率、購入経験率、習慣購入率ともにトップ。自社は、購入経験率（○%）、習慣購入率（○%）ともに第3位 ✓ 自社は「認知率→店頭接触率」の歩留まりが、上位ブランドよりも低い
メッセージ（結論）	✓ 自社の習慣購入率は第3位。売上を上げるには「店頭接触率の歩留まりの改善」が必要である

▶ 図5.6.2　調査目的に対する「サマリー」を作成する

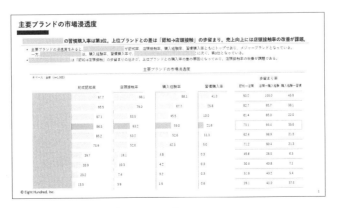

▶ 図5.6.3　サマリーページのイメージ

メッセージに合わせた「グラフ」を作成する

　サマリーページに掲載するグラフは、メッセージ（結論）に合わせたものになっている必要があります。グラフは、（1）比較方法からグラフを決める、（2）軸・項目の順番を決める、（3）色、補助線、オブジェクトで強調する、の3ステップで作成します。

　単一回答は帯グラフ、複数回答は棒グラフと、質問形式からグラフを決める方を見かけますが、「グラフは比較方法から決める」が大原則です。

◉（1）「比較方法」から適したグラフを選ぶ

　比較方法が決まると、作成するグラフも決まります。比較方法には「構成要素比較」「項目比較」「時系列比較」「分布比較」「相関比較」の5つがあります（図5.6.4）。

　構成要素比較とは「構成比を比較する」ことです。基本は「積み上げグラフ」もしくは「横帯グラフ」を使います。筆者は、クロス軸間の比較がしやすいことから「積み上げグラフ」を用いることが多いです。なお、円グラフは分析軸間の比較がしにくいため、基本的に使いません。

　項目比較とは「独立したデータを比較する」ことです。複数回答が項目比較に該当します。選択肢が長い／ランキングを見せたいときは「横棒グラフ」、数表とセットで使うときは「縦棒グラフ」が適しています。加えて、全体結果とクロス軸（例：男性、女性など）の傾向を見せたいときは、縦棒グラフと折れ線グラフの複合グラフが有効です。

　時系列比較とは「時系列データを比較する」ことです。時間軸が長い／複数の軸を比較するときは「折れ線グラフ」、プロセスを表現するときは「縦棒グラフ」、構成比の時系列は「積み上げグラフ」が適しています。

　分布比較とは「データの出現頻度を比較する」ことです。「ヒストグラム（縦棒グラフ）」が基本ですが、複数の軸を比較したいときは「折れ線グラフ」を使うことがあります。

　相関比較は「2つのデータの相関を比較する」ことです。量的データ同士の場合は「散布図」、質的データがある場合は「折れ線グラフ」「積み上げグラフ」が活用しやすいです。

●（2）軸・項目の順番を並び替えることで、メッセージを強調する

　グラフを作成した後は、図5.6.5に示すように、メッセージに合わせて軸や項目の順番を並び替えます。具体的には、自社→競合、認知度が高い順に「軸の順番を変える」、スコアが大きい順に「項目（選択肢）を降順ソートする」、ロイヤル顧客と一般顧客の違いを見せるために「両者の差分（スコア差）が大きい順に降順ソートする」などがあります。

	積み上げグラフ	横帯グラフ	縦棒グラフ	横棒グラフ	折れ線グラフ	散布図
構成要素比較（構成比を比較）						
項目比較（独立データを比較）						
時系列比較（時系列を比較）						
分布比較（出現頻度を比較）						
相関比較（2つの相関を比較）						

▶ 図5.6.4　比較方法をもとにグラフを決める

 自社商品のイメージが高い項目を伝えたい

▶ 図5.6.5　メッセージに合わせて「軸・項目の順番を変える」

（3）色、補助線、オブジェクトで強調する

最後のステップは、強調すべき箇所を「色、補助線、オブジェクト」で目立たせます。図5.6.6 に示すように、「色を付ける」「補助線を引く」「オブジェクトを入れる」を活用して、伝えたい内容を補強します。

これらがない場合、グラフのどこを見るか、どのように解釈するかは読み手次第になります。その結果、自分の主張とは異なる解釈を持たれる、優先度が低いところで反論されるなどの可能性が高くなります。

（2）（3）のステップは、読み手の解釈を助けるだけでなく、スムーズなプレゼンには必要不可欠です。手間がかかる作業ですが、「神は細部に宿る」です。細かい部分まで意識しましょう。

「主従関係を明確にする」ことで、不要な情報を削除する

アンケート調査のレポートは、選択肢数が多い、選択肢の文言が長い、グラフと数表を掲載するなどの理由から、どうしても情報量が多くなる傾向があります。その一方で、レポートの視認性が低いと、読む気力が低くなるのも事実です。

グラフの視認性を高めるには、「主従関係」を明確にして、不要な情報を徹底的になくすことが重要です。具体的には、不要／優先度が低い「背景色」「補助線」「罫線」をなくす・薄くすることで、自然にグラフや数値に目がいくようにします。図5.6.7の左側は、罫線や補助線に目が行きますが、右側はグラフと数値に集中できます。

筆者は「色や線も立派な情報である」とアドバイスすることがあります。それらを削除して「意図的に空白を作る」ことが視認性を高めるためのポイントです。

「目盛りの上限」を意識して、読み手を誤解・混乱させない

読み手を誤解・混乱させないためにも、グラフの目盛りの上限に注意しましょう。例えば、最も高い数値が30%の棒グラフで、目盛りの上限が40%に設定した場合、人によっては70%のような感覚を持ってしまいます。グラフ作成者からすると、「目盛りを確認すればわかるのではないか」「そのために数表があるのではないか」と思う方もいるかもしれませんが、読み手が誤

解する可能性がある段階で失格です。読み手に間違ったメッセージを伝えないためにも、誤解のない範囲の上限に設定することが重要です。

　筆者は、グラフで最も高い数値（例：30％）に20ptを加算して、その次にくる偶数の10％刻みの値（60％）を目盛り上限に設定することが多いです。読み手に誤解を与える可能性を減らせるだけでなく、凡例やオブジェクトのスペースを確保できます。

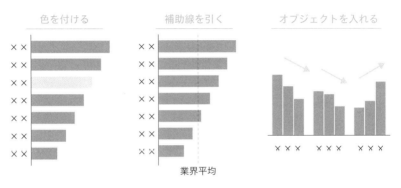

▶ 図5.6.6　色、補助線、オブジェクトで強調する

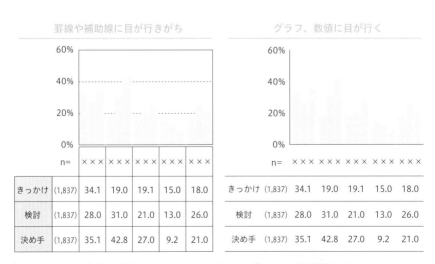

▶ 図5.6.7　主従関係を明確にすることで、グラフの視認性を高める

「エグゼクティブサマリー」を作成する

エグゼクティブサマリーは、(1) 結果のまとめ、(2) 今後に向けた提案、の2つから構成されます。文章による記述（簡単な図表あり）が中心で、このページを読んだだけで、レポートの全体像を掴めることが重要です。

結果のまとめは、図5.6.8 に示すように、「テーマ」と「総括」、「主たるファクトの整理」から構成されます。「主たるファクトの整理」を作成する際は、サマリーの「メッセージ（結論）」「コメント（結果)」を集約し、文章を統合・削除して箇条書きで整理します。注意すべきは、サマリーを見ていない人が理解できるように、ストーリー化・具体化を意識することです。多くの情報から「これだけは知ってほしい」情報を何度も推敲して書き上げるようにします。

総括は、主たるファクトの整理をもとに、「事実→解釈・考察→行動・提案」を意識して整理します。なお、事実と解釈・考察は明確に分けることが重要です。

「今後に向けた提案」はビジネスフレームを意識して整理する

今後に向けた提案は、「結果のまとめ」で記載することもありますが、(1) 別ページで整理しないと読み手が理解できない、(2) 今後の方向性を整理して提示したいときに、別途作成します。ビジネスフレームや図解を活用して整理すると、説得力が高まります（図5.6.9）。

このページの留意点は「調査依頼者が採用できる内容を書く」ことです。依頼者の状況を理解できていないと筋違いの提案になるため、事前に担当者と方向性を確認しておくことが望ましいです。難しい場合は、報告会でのディスカッションを踏まえて完成版を作成するなどの工夫が必要です。

レポートが完成したら、「推敲」の時間は必ず作る

レポートが完成したら、必ず推敲を行います。具体的には、口頭でプレゼンしてみることをお勧めします。自分が説明しにくい箇所、わかりにくいと感じた箇所が修正点です。これはプレゼン練習にもつながり、レポートとプレゼン両方の精度を高めることができます。

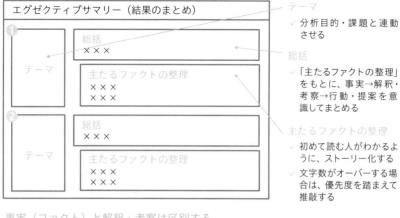

事実（ファクト）と解釈・考察は区別する

❶
事実と解釈・考察の
ブロックを分ける

❷
述語を使い分けて区別する
例：事実「〜である」、
　　解釈・考察「〜と考えられる」

▶ 図5.6.8　エグゼクティブサマリー（結果のまとめ）

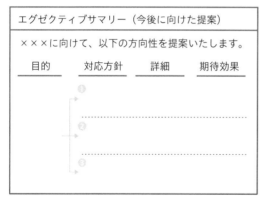

▶ 図5.6.9　エグゼクティブサマリー（今後に向けた提案）

「アンケートの裏側を見ろ！」。
データ分析の本質とは？

本コラムでは、筆者が「これがアンケートのデータ分析なのか……」と考えさせられた経験を紹介します。

それは、佐藤義典著『新人OL、つぶれかけの会社をまかされる』[*3]における、売多真子と売多勝の会話でした。売多真子の『あの、アンケートの裏側、ってどういうことですか？』の問いかけに、売多勝は『お客様の本当の考えだよ。アンケートの裏にある、お客様の本音だ』『お客様のココロの中をシミュレーションするんだ。幽体離脱ってあるだろ。あんな感じ』『（中略）お客様になりきる。文字の裏側にある息づかいとか、頭の中の意思決定プロセスとか、そういうのをイメージするんだ』と回答しています。

これを読んだとき、データを1つずつ見るのではなく、回答者が置かれた状況、どのような想いで行動するのかを考えることの重要性に気づきました。それまでのデータ分析の浅さを大いに反省しました。この体験以降、クロス集計の読み方、レポートのまとめ方が大きく変わっていきました。

アンケートの裏側を読むことのメリット

上記の経験をもとに、筆者は「アンケート回答者の想いを代弁する」ことを意識し、調査結果の報告会でも、回答者の想いを伝えるのが自分のミッションであると考えるようになりました。その想いは、データに裏付けされているだけでなく、クライアントの興味関心も高く、報告会のディスカッションが盛り上げることが多々ありました。

アンケートの裏側を読むことのメリットは、アンケートとインタビューを組み合わせたときに、さらに威力を発揮します。アンケート→インタビューの調査パターンにおいて、インタビュー対象者が発言する前に「この人は、この行動パターンだから、〇〇と発言する」「新商品に〇〇の反応をする。それは☆☆だから」といったシミュレーションが無意識にできるようになりました。外れることもありますが、かなりの確率で当たります。

加えて、デプスインタビューなどを通じて、アンケートではわからなかった心理状態を理解することで、消費者のインサイトが見え始めてきます。そして、何を訴求すれば「そう、それが欲しかった！」「そういうことなんです！」と消費者が感じるかのイメージが湧きやすくなりました。

「アンケートの裏側を見る」。これを実践しない手はないです。

第6章

Webアンケート 分析の幅を広げる 解析手法

第6章では、アンケート分析の幅を広げる「多変量解析」、データ分析の解釈の主観性を抑える「有意差検定（仮説の検定）」を説明していきます。アンケート分析の基本は「クロス集計」ですが、多くの変数を分析して示唆を見つけたいときは「多変量解析」を活用します。アンケートでの利用頻度が高い多変量解析について、「活用シーン」「質問形式」「アウトプットイメージ」「解析結果の読み取り方」を中心に理解するようにしましょう。

3つ以上の変数の関係性を 分析する「多変量解析」

「データの変数」と「分析手法」の関係を理解する

アンケートのデータ分析では、分析対象の変数と分析手法は連動しています。図6.1.1に示す、コンビニ利用者への満足度調査を例に説明します。店舗の満足度を上げるために、コンビニ利用者に「挨拶の良さ」～「駐車のしやすさ」の個別項目、「総合的な満足度」の総合評価について、5段階評価で聴取した事例です。

● 1変数、2変数でも、様々な知見が得られる

データ分析の出発点は、1変数の分析です。例えば、挨拶の良さ、お弁当の種類の豊富さなどの個別項目について、回答分布や加重平均値をもとに、どの項目の満足度が高いか、評価にバラツキがないかを把握します。

続いて、2変数の分析として、「クロス集計」「相関分析」を実施します。横軸に「総合満足度」、それ以外の項目を縦軸に設定することで、どの項目が総合満足度と関係が強いかを分析していきます。相関係数から、「売り場の清潔さ」よりも「お弁当の種類の豊富さ」のほうが総合満足度に影響していることが読み取れます。

● 3つ以上の変数は人間の処理能力を超えるため、多変量解析を活用する

3つ以上の変数になると、人間の処理能力を超え始めます。そこで、統計解析を用いて分析していくことになります。

3つ以上の変数を分析する際のニーズは、(1) 個別項目が多いので、類似した項目を集約したい、(2) どの項目が、総合満足度に強く影響しているかを知りたい、の2つに集約されます。前者は、「スタッフ関連」「お弁当関連」などに集約したほうが解釈しやすいです。後者は、総合満足度への影響度が最も高いのは「お弁当の種類の豊富さ」であるといった結果を導くことです。この2つのニーズに対する分析手法が「多変量解析」になります。

満足度調査から、店舗の満足度を高める施策を検討したい

評価項目	選択肢

アンケートで満足度を聴取

評価項目
- 挨拶の良さ
- レジ対応の早さ
- お弁当の種類の豊富さ
- お弁当の美味しさ
- 季節限定品の充実度
- 売場の清潔さ
- 立地の良さ
- 駐車のしやすさ
- 総合的な満足度

選択肢
項目ごとに、1つ選ぶ
1. 非常に満足
2. やや満足
3. 普通
4. やや不満
5. 非常に不満

1変数の分析

【挨拶の良さ】

| 非常に不満 | やや不満 | 普通 | やや満足 | 非常に満足 |

【お弁当の種類の豊富さ】

| 非常に不満 | やや不満 | 普通 | やや満足 | 非常に満足 |

「挨拶の良さ」は評価されているが、「お弁当の種類の豊富さ」はあまり評価されてない

2変数の分析

相関係数：-0.17

売場の清潔さ／総合評価

相関係数：0.72

お弁当の種類の豊富さ／総合評価

「売り場の清潔さ」よりも「お弁当の種類の豊富さ」のほうが総合満足度に影響している

3変数以上の分析

項目が多いから縮約できないかな？

<スタッフ対応>
挨拶の良さ
レジ対応の速さ

<お弁当関連>
お弁当の種類
お弁当の美味しさ

どの項目が総合評価に影響を与えている？

総合評価 —
挨拶の良さ
レジ対応の早さ
お弁当の種類
お弁当の美味しさ

上記2つのニーズに応えるのが「多変量解析」

▶ 図6.1.1 「データの変数」と「分析手法」の関係

多変量解析の定義・活用シーンを押さえる

多変量解析とは「3つ以上の変数の関係性から、データが持つ重要な部分（共通性）を抽出する分析手法」を言います。多変量解析の活用目的は、(1)変数を分類・縮約して見通しを良くする、(2) キードライバーを見つける、の2つに分類されます。

図6.1.1 で説明した店舗の満足度調査を例に説明します（図6.1.2）。前者は、個別項目が多いため、「スタッフ関連」「お弁当関連」に縮約して傾向を把握しやすくすることです。代表的な分析手法に「コレスポンデンス分析」「因子分析」「主成分分析」「クラスター分析」などがあります。これらの手法は、シンプルに整理してくれる一方で、「この分析単体では、次に何をすべきかが発見しにくい」という点に注意が必要です。クロス集計や属性分析とのセットで価値が生じる分析手法です。

後者は、総合満足度に最も影響を与えているのは「お弁当の種類の豊富さ」であるといった影響度を把握することです。代表的な分析手法に「重回帰分析」「ロジスティック回帰分析」「決定木分析」などがあります。これらの手法は「○○するためにはどうしたらよいか？」といった「マーケティング戦略のアクションの方向性」を示すことがゴールになります。

◉ マーケティングにおける多変量解析の活用シーン

図6.1.3 に、マーケティングにおける多変量解析の代表的な活用シーンを整理しています。市場環境分析～STPにおいて「コレスポンデンス分析」「因子分析」「クラスター分析」、STP～マーケティング・ミックスの開発において「コンジョイント分析」、商品ブランドの評価・改善において「重回帰分析」「決定木分析」が活用されることが多いです。

◉ 多変量解析は「質問形式」「結果の読み取り」「モデルの説明力」に注目する

多変量解析を活用するときは、(1) 分析手法に応じた質問形式、(2) 解析結果の読み取り、(3) モデルの説明力を高める方法、の3つを理解することが重要です。

ここでは「モデルの説明力」について説明します。多変量解析は「3つ以上の変数の関係性から、データが持つ重要な部分（共通性）を抽出する」手

法であるため、全体のどのぐらいをモデルで説明できたか（＝共通性）に着目します。重回帰分析の決定係数、因子分析の累積寄与率、コレスポンデンス分析の寄与率（固有値）などが該当します。

　なお、多変量解析は敷居が高いと思っている方が多いと思います。実は、重回帰分析はExcelの【分析ツール】で簡単に出力できます。また、マクロミルが提供する無料集計ソフト「QuickCross（クイッククロス）」には、コレスポンデンス分析、因子分析、クラスター分析が標準搭載されています。ぜひチャレンジしてみましょう。

 満足度調査から、店舗の満足度を高める施策を検討したい

聴取した項目	分析視点	代表的な分析手法
個別項目	変数が多いから、シンプルにできないかな？	✓ 因子分析
◎ 挨拶の良さ		✓ 主成分分析
◎ レジ対応の早さ	多くの変数を分類・縮約して見通しを良くしたい	✓ クラスター分析
◎ お弁当の種類		✓ コレスポンデンス分析
◎ お弁当の美味しさ		✓ MDS
◎ 新商品の導入		
◎ 立地の良さ		
◎ 駐車のしやすさ	総合満足度を高めるには、どの変数を強化したらいい？	✓ 重回帰分析
		✓ 数量化I類分析
総合評価	総合評価を高めるキードライバーを見つけたい	✓ ロジスティック回帰分析
◎ 総合満足度		✓ コンジョイント分析
		✓ 決定木分析

▶ 図 6.1.2　多変量解析の活用目的・代表的な分析手法

市場環境分析	STP	マーケティング・ミックスの開発	商品・ブランドの評価・改善
コレスポンデンス分析、因子分析、クラスター分析			
重回帰分析	コンジョイント分析		重回帰分析、決定木分析

▶ 図 6.1.3　マーケティングにおける多変量解析の活用シーン

コレスポンデンス分析
（変数の分類・縮約）

ブランドイメージ、クロス集計を2次元で表現する解析手法

コレスポンデンス分析とは「複数ブランドのポジションの違いを可視化する分析手法」です。代表的な活用シーンは「ブランドのイメージポジションの把握」です。主要ブランドのイメージを2次元空間にプロットし、自社と競合関係にあるブランドを把握する、市場にホワイトスペース（空白地帯）がないかを検討するなどの活用が多いです。

質問形式は、認知ブランドごとにあてはまるイメージを複数回答してもらう「MAマトリクス」です（図6.2.1）。コレスポンデンス分析を使わずに分析する場合は、ブランド×イメージの集計表もしくは、ブランド数分の折れ線グラフで傾向を把握しますが、各ブランドの特徴を読み取るのは大変です。このようなシーンで、コレスポンデンス分析が大活躍します。

● ブランドイメージを2次元で表現できる「コレスポンデンス分析」

図6.2.2に、コレスポンデンス分析のアウトプット例を掲載しています。原点をもとに、特徴があるブランドは遠くに、特徴がないブランドは原点付近にプロットされます。横軸、縦軸のプラスマイナスに意味はないため、自社が右上にくるようにスコアを入れ替えると視認性が上がります。軸の名称はイメージの分布から分析者が命名します。名称があるほうが解釈しやすいですが、綺麗な結果が出ていないときは付けないこともあります。

モデルの説明力を示す「寄与率」は、2次元の合計である累積寄与率で80～90%になることが多いです。イメージ項目が多過ぎると、50～60%に落ち込むことがあります。その場合は、ブランド間でスコア差（偏差）が小さいイメージを削除して説明力を高めていきます。

● クロス集計があれば、コレスポンデンス分析は実施できる

コレスポンデンス分析は、クロス集計（年代別×SNS利用率、年代別×購

入重視点など）があれば実施できます。クロス集計で、年代ごとに傾向が異なるときは、コレスポンデンス分析を実施してみましょう。

● コレスポンデンス分析は「集計表とワンセットで用いる」

複数のイメージが強いメジャーブランドの場合、一部のイメージをもとに2次元空間にプロットされるため、それ以外のイメージが伝わりにくいことがあります。解析結果を報告するときは「2次元のプロット図」と「集計表」をセットで説明することが重要です。

以下のブランドについて、あてはまるイメージを全てお選びください。

→	高級な	香りが良い	かわいい	一般的な	年配者向き	若い子向き	安っぽい	...
Aブランド	☐	☐	☐	☐	☐	☐	☐	☐
Bブランド	☐	☐	☐	☐	☐	☐	☐	☐
Cブランド	☐	☐	☐	☐	☐	☐	☐	☐
Dブランド	☐	☐	☐	☐	☐	☐	☐	☐
Eブランド	☐	☐	☐	☐	☐	☐	☐	☐

▶ 図6.2.1　**コレスポンデンス分析の質問形式**

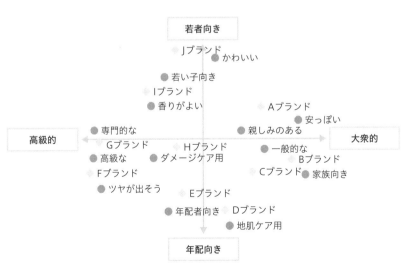

▶ 図6.2.2　**コレスポンデンス分析のアウトプット例**

6.3 因子分析（変数の分類・縮約）

商品・サービスに対する態度の背後に潜む要因を探る手法

因子分析とは「商品・サービスに対する態度などの背後に潜む要因（潜在因子）を抽出する分析手法」です。アンケート分析における利用頻度は非常に高く、人々の意識や態度の分析に多く活用されています。クラスター分析とセットで分析することも多いです。

因子分析の事例として、「教科の点数」と「文系・理系」の関係があります（図6.3.1）。国語や英語の点数が高い人を「文系」、数学や物理の点数が高い人を「理系」と言っていた方も多いと思います。因子分析とは、各教科（変数）の点数といった観測データをもとに、各教科の相関関係が強い変数同士を潜在因子（文系能力、理系能力）として縮約する分析手法です。

因子分析に近い分析手法として、主成分分析があります。主成分分析とは「複数の変数から新たな変数を合成する分析手法」を言います。因子分析、主成分分析ともに、少数の変数に縮約する点は共通していますが、因子分析は「背後にあるものを探索する」、主成分分析は「変数をコンパクトにまとめる」ときに活用するといった違いがあります。

因子分析の成否は「調査票設計」で決まる

因子分析を実施する場合は、商品・サービスに対する意識・態度を「非常にあてはまる～まったくあてはまらない」、商品・サービスの購入重視点を「非常に重視する～まったく重視しない」などの4～5段階で聴取する「SAマトリクス」が基本です（図6.3.2）。

因子分析の成否は、調査票の設計で決まります。図6.3.1の場合、教科が「国語、英語、社会」だけだと理系の潜在因子は抽出されません。調査票を作成する段階でどのような潜在因子を抽出したいかを想定し、その潜在因子ごとに、3～4つの項目を設定しておくのがポイントです。

また、項目間で回答結果に差が付くようにすることも大事です。全ての項

184

目の回答が選択肢1もしくは選択肢2に集中する場合、項目間の相関関係が曖昧になる可能性があるためです。そのため、項目の表現を「ポジティブな表現」を中心に、「ネガティブな表現」も一部入れ込んでおきましょう。

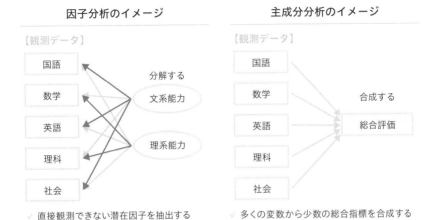

	因子分析のイメージ	主成分分析のイメージ
	【観測データ】 国語／数学／英語／理科／社会 → 分解する 文系能力／理系能力	【観測データ】 国語／数学／英語／理科／社会 → 合成する 総合評価
	✓ 直接観測できない潜在因子を抽出する	✓ 多くの変数から少数の総合指標を合成する

▶ 図6.3.1　因子分析、主成分分析のイメージ

Q.シャンプーを購入する際、以下の事柄はそれぞれどのぐらいあてはまりますか。

→	非常にあてはまる	ややあてはまる	どちらとも言えない	あまりあてはまらない	まったくあてはまらない
特売のときに買う	○	○	○	○	○
安い商品は品質に不安を感じる	○	○	○	○	○
値段が高いほうが効果があると思う	○	○	○	○	○
愛用しているメーカー・ブランドがある	○	○	○	○	○
信頼できるメーカー・ブランドの商品を買う	○	○	○	○	○
より効果の高い商品を常に探している	○	○	○	○	○
新しい商品が出ると、とりあえず使ってみる	○	○	○	○	○
添加物を確認してから買う	○	○	○	○	○
薬用や低刺激の商品を買う	○	○	○	○	○
・・・	○	○	○	○	○

▶ 図6.3.2　因子分析の質問形式

「最尤法、プロマックス回転」を使うと、解釈しやすいケースが多い

因子分析を実施する際は、潜在因子間の「相関関係の有無」を設定する必要があります。潜在因子間の相関関係がない（＝直交回転）と仮定する場合は「主因子法、バリマックス回転」、潜在因子間の相関関係がある（＝斜交回転）と仮定する場合は「最尤法、プロマックス回転」で因子分析を実施します。現実の世界では、潜在因子間の相関がないことは考えにくく、斜交回転のほうが綺麗な結果になることが多いです。

潜在因子の名称は「因子負荷量」をもとに分析者が命名する

因子分析の基本的なアウトプットは「因子負荷量行列」です（図6.3.3）。表内の数値（因子負荷量）とは、各項目の因子への影響度を表します。因子負荷量は、「－1〜1」の値を取り、絶対値が高いほど、因子との関連性が強いことを意味します（厳密には、1を超えることがあります）。各因子の名称は、因子負荷量が高い項目をベースに、分析者が命名していきます。

「納得感のある潜在因子」になるために、何度も試行錯誤する

実務で活用しやすい潜在因子を選ぶためには「統計的な基準」と「実務基準」の両方を意識することが重要です。筆者の実務経験では、統計的な基準だけの場合、「因子がまとまり過ぎており、もう少し分解できないか」と感じるケースが多いです。

最適な因子数を選ぶステップは、「統計的な基準」で因子数の当たりを付けてから、「実務基準」を踏まえて最終決定していきます（図6.3.4）。統計的な基準には、（1）固有値が1以上、（2）累積寄与率が50％以上、（3）スクリープロット（固有値をグラフ化した図。右下がりの曲線状を描く）で急激に値が落ち込む1つ前、があります。固有値とは、各因子が何個の項目をまとめたものかを表した数値です。累積寄与率とは抽出した因子で、全体の何％を説明できたかを意味しています。累積寄与率が50％前半〜60％を目安に、固有値が1未満の因子も含めて試行錯誤します。

統計的な基準で、因子数の当たりを付けた後は、複数の因子分析結果を比べて「実務的に使いやすいか」「潜在因子に違和感ある項目が残っていないか」といった実務基準をもとに最終決定します。

	因子					
	1	2	3	4	5	6
新しい商品が出ると、とりあえず使ってみる	0.80	0.26	-0.00	0.10	0.04	0.02
周囲で流行っている商品を買う	0.73	0.30	0.06	0.09	0.16	0.01
新しい商品の情報は常にチェックしている	0.71	0.04	0.08	0.01	0.09	0.08
新しい商品は、試供品などで試してから買う	0.31	0.03	0.01	0.08	0.09	0.08
自分の髪に合う商品を常に探している	0.04	0.96	0.31	-0.02	0.05	0.05
自分の髪質・タイプ向けの商品を買う	0.04	0.73	0.31	-0.02	0.05	0.05
より効果の高い商品を常に探している	0.30	0.62	0.15	-0.06	0.13	0.03
信頼できるメーカー・ブランドの商品を買う	0.13	0.07	0.71	0.01	0.16	0.09
有名なメーカー・ブランドの商品を買う	0.31	0.13	0.67	0.15	0.25	-0.14
愛用しているメーカー・ブランドがある	-0.10	-0.10	0.55	-0.04	-0.00	0.06
特売のときに買う	0.07	0.31	0.05	0.86	0.02	-0.10
安いときに買い置きする	0.01	0.07	0.14	0.63	-0.05	0.02
迷ったときは割安なほうを選ぶ	0.10	0.01	-0.22	0.47	0.05	-0.06
詰め替え用の商品を買う	0.10	0.10	0.02	0.47	0.05	-0.06
値段が高いほうが効果があると思う	0.10	0.10	0.02	0.07	0.83	-0.06
値段の高い商品を使うことにステータスを感じる	0.27	0.27	0.13	0.02	0.68	0.01
安い商品は品質に不安を感じる	-0.03	-0.03	0.12	-0.08	0.55	0.09
添加物を確認してから買う	0.05	0.05	0.06	-0.05	0.01	0.90
薬用や低刺激の商品を買う	0.02	0.02	0.02	-0.07	0.04	0.71
因子寄与	4.14	2.29	1.69	1.59	1.50	1.09
累積寄与率	10.7	21.2	29.8	38.0	46.2	53.9

【因子1】
　新商品採用度
【因子2】
　自分の髪向け商品探索度
【因子3】
　メーカー・ブランドこだわり度
【因子4】
　価格敏感度
【因子5】
　価格による品質推定度
【因子6】
　成分・薬用重視度

▶ 図6.3.3　因子分析の基本アウトプット（因子負荷量行列）

**統計的基準で
因子数のあたりをつける**

✓ 固有値が1以上
✓ 累積寄与率が50%以上
✓ スクリープロットで急激に値が
　落ち込む1つ前

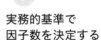

**実務的基準で
因子数を決定する**

✓ 実務的に使いやすいか
✓ 潜在因子に違和感ある項目が
　残っていないか

**固有値が1未満も試行して、因子数を少しだけ広くすると、
実務的に解釈しやすい結果になりやすい**

▶ 図6.3.4　最適な因子数を選ぶステップ

モデルの説明力を高めるには「複数の因子に影響する項目」に注目する

因子分析のモデルの説明力は「累積寄与率」で判断します。累積寄与率は50%前半〜60%で落ち着くことが多いです。

モデルの説明力を高めるには、各項目が潜在因子の抽出にどのくらい説明できたかを表す「共通性の推定値」に着目します。この値が小さい項目が削除候補になります。それ以外では、全ての潜在因子に対する因子負荷量が低い／高い項目を削除します。ただし、項目を削除すると違和感がある結果になる場合は、実務基準を重視して残すことを検討します。

「因子得点を集計する、セグメンテーションする」ことで価値が生まれる

潜在因子を抽出しただけでは、因子分析の価値は半減します。因子分析を実施すると、対象者別に各因子をどの程度持っているか（強いか）といった「因子得点」が振られます。因子得点を年代別やターゲット別などで集計・分析することで、マーケティング上の重要な知見が得られます。因子得点は、平均：0、標準偏差：1に標準化されており、絶対評価ではなく、相対評価で判断します。

図6.3.5に、女性を対象としたシャンプーに対する意識で、年代別の因子得点の結果を掲載しています。年代が若いと、自分の髪に合うシャンプーを求めて新商品を購入する傾向が強く、価格で品質の良さを推定する「価格の品質推定機能」が働きやすいことがわかります。

一方、30〜40代は、過去の購入経験から価格の品質推定機能が低下し、価格意識が強くなります。50〜60代になると、価格ではなく、成分・薬用を重視して、特定メーカーを愛用する傾向が見られます。

因子得点をもとに、対象者をセグメンテーションすることも可能です（図6.3.6）。特定の潜在因子の因子得点から対象者を分類し、クロス軸に設定することがあります。また、複数の因子得点をもとにクラスター分析を実施し、対象者をセグメンテーションすることも多く実施されています。

潜在因子の「影響度」を知りたいときは、「重回帰分析」と組み合わせる

因子分析を行うと、多くの変数を少数の潜在因子に縮約することができます。ここで実務で間違えやすいのは、「第1因子が一番重要！」と認識してし

まうことです。

　「たまたま」多くの項目で相関関係があったため第1因子になっただけです。国語、英語、社会、数学の点数から因子分析を実施すると「文系能力」、国語、数学、物理、化学の場合は「理系能力」が第1因子になります。潜在因子の重要度を知りたい場合は、重回帰分析などと組み合わせることが必要です。

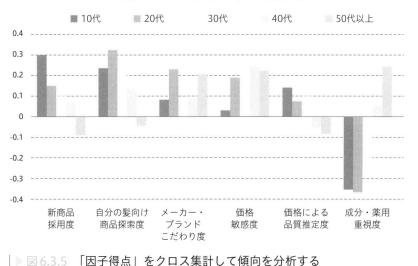

▶ 図6.3.5　「因子得点」をクロス集計して傾向を分析する

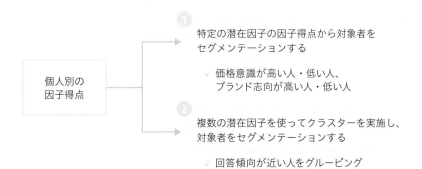

▶ 図6.3.6　因子得点をもとに「対象者をセグメンテーションする」

クラスター分析
（変数の分類・縮約）

類似度が高いグループに分類する解析手法

クラスター分析とは「類似度が高いグループに分ける分析手法」を言います。クラスターとは「群れ」という意味です。

アンケート回答者もしくは質問項目について、図6.4.1に示すように、同じクラスター内の分散（ちらばり）が小さく、クラスター間の分散（ちらばり）が大きくなるように分けていきます。

実務的には「非階層クラスター分析」の利用が多い

クラスター分析には「階層クラスター分析」と「非階層クラスター分析」があります。図6.4.2に示すように、階層クラスター分析は、デンドログラムと呼ばれるクラスターの統合過程を表現した図を描くことができるクラスター分析です。デンドログラムをもとに、いくつのグループに分けるかなどを検討できる一方で、分類したい個体が200を超えると計算が難しくなるため、実務ではあまり使われていないのが現状です。

一方、非階層クラスター分析は、最初に何個のクラスターに分類したいかを決めて、個体を分類する分析手法です。個体数が多いときに適しています。分類する手法として「K-means」が有名です。

クラスター分析を単体で実施することもありますが、因子分析と非階層クラスター分析を組み合わせて活用することが多く、マーケット（ライフスタイル）セグメンテーションと呼ばれることもあります。

クラスター分析は「調査票設計」が成否を決める

クラスター分析を実施する場合、因子分析と同じように、商品・サービスに対する意識・態度を「非常にあてはまる〜まったくあてはまらない」、商品・サービスの購入重視点を「非常に重視する〜まったく重視しない」などの4〜5段階で聴取する「SAマトリクス」が基本です（図6.3.2）。

また、クラスター分析を実施すると、全ての項目が高い人（≒関与度が高い人）、全ての項目が低い人（≒関与度が低い人）といったクラスターが形成され、本当にニーズで分かれているのか疑問に感じることがあります。これを回避するためには、項目の表現を「ポジティブな表現」を中心に、「ネガティブな表現」も入れ込むことがポイントです。

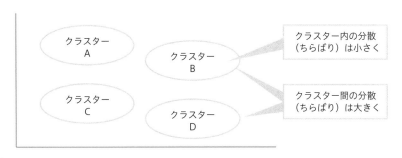

▶ 図6.4.1　クラスター分析のイメージ

 たくさんあるカメラをどのように分類する？

階層クラスター分析

- ✓ デンドログラムと呼ばれるクラスターの統合過程を表現できるクラスター分析
- ✓ 分類したい個体が少ないときに適する

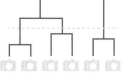

非階層クラスター分析

- ✓ 最初に何個のクラスターに分類したいかを決めておき、個体を分類する
- ✓ 個体数が多いときに適する
- ✓ 代表的な分類手法に「K-means」がある
- ✓ 単位が違ったり、金額の大小が大きい場合は、データの標準化を実施する

▶ 図6.4.2　クラスター分析のイメージ・分析時の留意点

クラスター分析を実施した方から、「複数のクラスター分析結果を抽出したが、採用するクラスターをどのように決定していけばよいかわからない」といった声をよく聞きます。

その際は、図6.4.3に示すような、(1) 各クラスターのボリュームが一定以上存在する、(2) クラスターごとでニーズが異なる、(3) クラスターごとに効果的な施策を打ちやすい（考えやすい）、(4) 各クラスターに到達できるメディア（媒体）がわかりやすい、などから評価していきます。

特に、ニーズが明確に分かれていることが重要です。ニーズが分かれていない場合、全てのクラスターで訴求メッセージが同じになり、クラスター分析した意味がなくなります。

● 様々な質問形式に対応できる「潜在クラス分析」

アンケートにおけるクラスター分析は、意識・態度、重視点などを「SAマトリクス」で聴取し、量的データとして分析するパターンが一般的です。一方、実務においては、「年代」「年収」などの人口動態的変数、「利用金額」「利用経験」「利用頻度」「利用シーン・使い方」などの消費者行動変数を含めてセグメンテーションしたいシーンが多くあります。それらの変数を加味することで、顧客ニーズが反映されやすくなるためです。

そのときは、様々なデータ尺度・形式をもとにセグメンテーションできる「潜在クラス分析」を活用します。図6.4.4に、潜在クラス分析の実施イメージを掲載しています。(1) カテゴリー関与度（カテゴリーの利用金額、商品・サービスに対する意識・態度など）、(2) 顧客ニーズ（利用きっかけ、使用目的、重視点など）、(3) 商品・サービスの利用経験（使用ブランドなど）、などをもとに潜在クラス分析を実施すると、顧客ニーズを反映した結果になりやすいです。

筆者は、非階層クラスター分析よりも潜在クラス分析を利用することが多いです。潜在クラス分析のほうが顧客ニーズを踏まえたセグメンテーションがしやすく、変数の抜き差しなどの柔軟性が高いためです。潜在クラス分析は、Rなどの統計ソフトでも実施できますが、調査票設計が成否を分けるため、調査会社と相談しながら進めることをお勧めします。

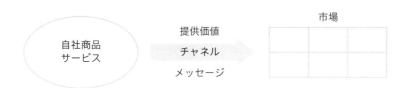

市場

提供価値
チャネル
メッセージ

自社商品
サービス

- ✓ 各クラスターのボリュームが一定以上あるか？
- ✓ クラスターごとで、顧客ニーズに違いがあるか？
- ✓ クラスターごとに、効果的な施策を打ちやすい（考えやすい）か？
- ✓ 各クラスターに到達できるメディア（媒体）がわかりやすいか？

▶ 図6.4.3　クラスター分析のセグメント有効性の評価視点

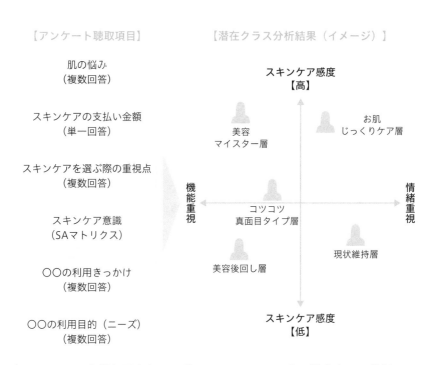

【アンケート聴取項目】

肌の悩み
（複数回答）

スキンケアの支払い金額
（単一回答）

スキンケアを選ぶ際の重視点
（複数回答）

スキンケア意識
（SAマトリクス）

○○の利用きっかけ
（複数回答）

○○の利用目的（ニーズ）
（複数回答）

【潜在クラス分析結果（イメージ）】

スキンケア感度
【高】

美容
マイスター層

お肌
じっくりケア層

機能重視　←→　情緒重視

コツコツ
真面目タイプ層

現状維持層

美容後回し層

スキンケア感度
【低】

▶ 図6.4.4　多様な尺度からセグメンテーションできる潜在クラス分析

重回帰分析
（キードライバーの発見）

目的変数に影響を与える説明変数を
明らかにする解析手法

　重回帰分析とは「目的変数に対する説明変数の影響度を算出する分析手法」です。重回帰分析は、説明変数（独立変数）を「原因」、目的変数（従属変数）を「結果」と仮定し、その関係を数式で表す数理モデルとして表現されます（図6.5.1）。説明変数が1つのときは「単回帰分析」、説明変数が複数あるときは「重回帰分析」と呼ばれます。

● **重回帰分析は、幅広いシーンで活用されている**

　アンケートにおける重回帰分析は、目的変数を「総合満足度」、説明変数を「個別項目の満足度」などで実施することが多いです。図6.5.1に示すように、それぞれの説明変数には、目的変数への影響度を表す回帰係数が重み付けられます。この回帰係数から目的変数に影響がある説明変数（＝キードライバー）を発見していくのが重回帰分析の主な目的です。

　また、重回帰分析をもとに、将来の予測、特定の変数を改善したときの効果をシミュレーションすることが可能です。マーケティング施策（広告、配荷率など）が売上や利益にどのぐらい貢献したかを分析するMMM（マーケティング・ミックス・モデリング）も、重回帰分析がベースになっています。

● **重回帰分析は「目的変数、説明変数ともに量的データ」で聴取する**

　重回帰分析は、目的変数、説明変数ともに量的データで実施します。アンケートで実施する場合は、図6.5.2に示すように、総合満足度（目的変数）、個別評価項目（説明変数）ともに、満足度などの4〜5段階評価で聴取するのが一般的です。

　なお、目的変数、説明変数で質的データを用いるときの対応方法（ロジスティック回帰分析、数量化1類）は、後ほど説明します。

【重回帰分析のモデル式】

$$y = \alpha + \beta_1 x_1 + \beta_2 x_2 + \cdots + \beta_p x_p + \epsilon$$

回帰係数

目的変数　　切片　　　　　　説明変数　　　　　　　　　　誤差項

【重回帰分析の分析例】

目的変数	説明変数
売上高	マーケティング施策（内容量、価格設定、広告費用、配荷率など）
売上高	広告施策（テレビCM、デジタル広告、新聞広告、店頭広告など）
顧客満足度	マーケティング施策（製品性能、デザイン、営業対応、価格、サービスなど）
購入金額（量）	人口動態的変数（性別、年齢、年収、同居家族人数など）

▶ 図 6.5.1　重回帰分析のモデル式・分析例

Q. 現在お使いの掃除機について、以下の項目はどの程度満足していますか。

→	非常に満足	やや満足	どちらとも言えない	やや不満	非常に不満
掃除機の大きさ	○	○	○	○	○
デザイン性	○	○	○	○	○
ゴミの吸引力の強さ	○	○	○	○	○
ゴミの吸引力の持続性	○	○	○	○	○
掃除機の使いやすさ	○	○	○	○	○
フィルター交換のしやすさ	○	○	○	○	○
・・・	○	○	○	○	○
総合的な満足度	○	○	○	○	○

説明変数
（個別評価項目）

目的変数
（総合評価）

▶ 図 6.5.2　重回帰分析の質問形式（満足度調査の場合）

「決定係数」で、回帰式の当てはまりの良さを評価する

　重回帰分析の解析結果は「決定係数」「回帰係数」「P値」に注目します。図6.5.3の「スマートフォンの満足度」に関する重回帰分析結果（Excelで分析を実施、数値はダミー）で説明します。

　決定係数（R2。Excelでは重決定R2）とは、求めた回帰式の当てはまりの良さを示す指標です。求めた回帰式で全体をどの程度説明できているかを表し、「0～1」の値を取ります。決定係数0.6の場合は、回帰式で全体の60%が説明できたことを意味します。

　重回帰分析の回帰式は、図6.5.4に示すように、観測データと回帰直線の差（残差）が最も小さくなるように直線を求めます。この手法を「最小二乗法」と言います。

　なお、重回帰分析では、説明変数を増やすほど、決定係数（R2）が高くなります。そのため、説明変数の数の影響を除外した「自由度調整済み決定係数（Excelでは補正R2）」をもとに、回帰式の当てはまりの良さを評価していきます。

「回帰係数」「P値」で、個々の説明変数の有効性を評価する

　回帰係数とは、他の影響を一定としたときの各説明変数の目的変数に対する影響度を表しています。絶対値が高いほど影響度が高いです。図6.5.2のような同じ聴取方法の場合は大きな問題は生じにくいですが、単位が異なる説明変数や標準偏差が大きく異なる説明変数で影響度を比べる場合は「標準偏回帰係数」を用います。なお、Excelでは「標準偏回帰係数」は出力されないため、代替値として「t値」を活用することがあります。

　P値（有意水準5%）は、個々の説明変数が目的変数の「原因」として適切かどうかを評価する指標です。一般的に、P値が0.05未満であれば、その説明変数は目的変数に対して「関係性がある」と判断します。P値が0.05以上の説明変数は、目的変数の「原因」としては「関係がない」と判断し、P値が大きい説明変数は重回帰分析から除外する候補になります。

「ステップワイズ法」をもとに、少ない説明変数でのモデル式を目指す

　重回帰分析は、説明変数の数ができる限り少なく、決定係数が高いモデル

が理想です。説明変数を絞る際は「ステップワイズ法」を活用することが多いです。これは、説明変数と目的変数の関連度を有意確率などのスコアで算出し、高いスコアを示した説明変数を優先的に選択していく方法です。

回帰統計	
重相関 R	0.835
重決定 R2	0.698
補正 R2	0.693
標準誤差	0.515
観測数	400.000

	係数	標準誤差	t	P-値	下限 95%	上限 95%	下限 95.0%	上限 95.0%
切片	-0.062	0.146	-0.427	0.670	-0.350	0.225	-0.350	0.225
デザイン	0.107	0.055	1.946	0.052	-0.001	0.214	-0.001	0.214
カラー	0.053	0.054	0.995	0.321	-0.052	0.158	-0.052	0.158
機能	0.253	0.036	6.971	0.000	0.182	0.325	0.182	0.325
操作性	0.315	0.030	10.652	0.000	0.257	0.373	0.257	0.373
通話品質	0.167	0.032	5.248	0.000	0.105	0.230	0.105	0.230
電波状況	0.125	0.025	4.989	0.000	0.076	0.175	0.076	0.175

▶ 図6.5.3　重回帰分析の解析結果（Excelから一部抜粋）

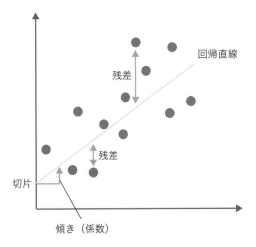

▶ 図6.5.4　最小二乗法のイメージ

- 観測データと回帰直線の差（残差）が最も小さくなるように直線を求める。
- この手法を「最小二乗法」という。
- 回帰直線をもとに、切片、回帰係数（傾き）が算出される。

● 説明変数間に強い相関がある場合は「多重共線性」が発生しやすい

　重回帰分析を実施し、説明変数の回帰係数やP値を確認すると、論理的には考えにくい符号や係数、P値になっていることがあります。本来、正の影響であると想定される説明変数が負の影響になっている、もしくは、目的変数に関係していると想定される説明変数のP値が0.05を大きく上回っているようなケースです。

　図6.5.3の「スマートフォンの満足度」に関する重回帰分析結果を再度見てみましょう。P値を見ると、「デザイン」と「カラー」が総合満足度に影響しない結果になっています。普通に考えると、どちらか一方は目的変数に影響していると推測されます。これは「デザイン」と「カラー」の間に強い相関関係があり、多重共線性（マルチコ）と呼ばれる現象が発生していることが原因です。

　なぜ、多重共線性が発生するのでしょうか？ これを理解するには、重回帰分析の前提を知る必要があります。回帰係数は、他の影響を一定としたときの各説明変数の目的変数に対する影響度でした。そのため、重回帰分析の説明変数は、互いに独立である（＝相関関係がない）ことを前提にしています。説明変数間の相関が強く、この前提が崩れるときに多重共線性が発生しやすくなります。

● 「多重共線性」が発生している場合は、片方の変数を除外する

　図6.5.6の上段に、説明変数同士の相関係数を掲載しています。「デザイン」と「カラー」の相関係数は0.8を超えており、これが多重共線性の原因であると推測されます。SPSSやRなどの統計ソフトでは、多重共線性の度合いを示すVIFという指標でチェックすることもできます。

　多重共線性が発生している場合、（1）相関が強い説明変数のうち、片方の説明変数を除外する、（2）相関が強い説明変数で、主成分分析を実施して合成変数を作成する、などの対応を取ることが必要です。

　今回のケースでは、「カラー」よりも「デザイン」を優先して重回帰分析を再度実施したところ、全ての説明変数でP値が0.05を下回る結果になっています（図6.5.6の下段）。このように、重回帰分析を実施する際は、説明変数同士の相関関係を意識することが重要です。

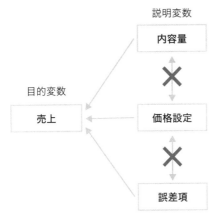

説明変数

内容量

目的変数

売上

価格設定

誤差項

- 重回帰分析は、説明変数を足し算した数理モデルである。
- そのため、説明変数間の相関はない（＝独立している）との仮定を置いている。
- 説明変数間に強い相関があると、上手く計算できないことが生じる。これを「多重共線性（マルチコ）」という。
- マルチコが発生している場合は、片方の選択肢を削除するか、統合した変数を作成して重回帰分析を実施する。

▶ 図 6.5.5　多重共線性が発生する背景

【説明変数間の相関行列】

	デザイン	カラー	機能	操作性	通話品質	電波状況
デザイン	1					
カラー	0.847	1				
機能	0.472	0.411	1			
操作性	0.370	0.383	0.572	1		
通話品質	0.238	0.242	0.419	0.311	1	
電波状況	0.314	0.279	0.425	0.329	0.494	1

「デザイン」と「カラー」の相関係数は 0.847 と高いのか。これが多重共線性の原因かな。

【カラーを除いた重回帰分析結果】

	係数	標準誤差	t	P-値	下限 95%	上限 95%	下限 95.0%	上限 95.0%
切片	-0.035	0.144	-0.247	0.805	-0.318	0.247	-0.318	0.247
デザイン	0.151	0.032	4.664	0.000	0.087	0.214	0.087	0.214
機能	0.251	0.036	6.921	0.000	0.180	0.322	0.180	0.322
操作性	0.319	0.029	10.907	0.000	0.262	0.377	0.262	0.377
通話品質	0.169	0.032	5.325	0.000	0.107	0.232	0.107	0.232
電波状況	0.125	0.025	4.971	0.000	0.075	0.174	0.075	0.174

▶ 図 6.5.6　重回帰分析は「説明変数間の相関関係」を意識する

●「ダミー変数」を作って、重回帰分析を使いこなそう

　重回帰分析は、目的変数、説明変数ともに量的データが基本です。ただし、「年代」「購入頻度」「施策の実施有無」などの質的データも組み込んで影響度を把握したいシーンが多くあります。その場合は、ダミー変数を用いることで、説明変数に質的データを組み込むことができます。

　図6.5.7に、年代のダミー変数の例を掲載しています。ダミー変数を作成しないで重回帰分析を実施すると、年代が高い人のほうが優れていると認識されてしまいます。そこで、その年代に該当する場合は「1」、該当しない場合は「0」のデータを作成します。最後に、説明変数間の相関をなくすため、基準となる変数（全て0になる変数。図6.5.7では10代）を削除して重回帰分析することが実務上のポイントです。

目的変数が質的データのときは「ロジスティック回帰分析」を用いる

　重回帰分析は、目的変数が量的データのときに活用する分析手法です。目的変数が「ある行為の実施有無」「ある商品・サービスの利用意向有無」などの質的データの場合は、重回帰分析は適用できません。図6.5.8に示すように、重回帰分析は、目的変数を「数値」による線形モデルとして想定しているため、確率が100％を超えることがあるためです。

　目的変数が「質的データ（購入する／購入しない、保有する／保有していない）」のときは、ロジスティック回帰分析を活用します。ロジスティック回帰分析とは「特定の行為を行う確率は何％、YES／NOの確率を予測したいときに活用する分析手法」を言います。

　ロジスティック回帰分析では、他の説明変数の影響を一定としたときに「ある説明変数が1増加したときに、目的変数が何倍上昇するか」を表すオッズ比をもとに、説明変数の影響度を把握します。

　消費者へのキャッシングなどの融資で、申込者の属性や借り入れ状況など（説明変数）から、契約希望額の返済確率（目的変数）のモデル式を作り、申込者への審査に活用するなどが代表例です。アンケートの分析でも、利用意向に影響を与える特徴の特定などで活用することができます。

【一般的なローデータ】

回答者番号	年代
1	1
2	3
3	4
4	2
5	6
6	5
7	3
8	1

※データの意味
1：10代
2：20代
3：30代
4：40代
5：50代
6：60代

一般的なローデータのまま、重回帰分析の説明変数に投入すると、統計ソフトは「60代が最も優れている」と解釈します

10代を基準（全て0）に、他の年代を「1,0」のダミー変数を作成

回答者番号	10代	20代	30代	40代	50代	60代
1	0	0	0	0	0	0
2	0	0	1	0	0	0
3	0	0	0	1	0	0
4	0	1	0	0	0	0
5	0	0	0	0	0	1
6	0	0	0	0	1	0
7	0	0	1	0	0	0
8	0	0	0	0	0	0

10代の列を削除し、説明変数に追加して重回帰分析を実施すると、10代を基準とした影響度の強さを把握できます。

▶ 図6.5.7　ダミー変数の作成ステップ

年収と高級車の保有／非保有の関係を明らかにするために回帰分析をしたい

重回帰分析

目的変数は「数値」で線形モデルを想定しており、確率が100%を超えることがある

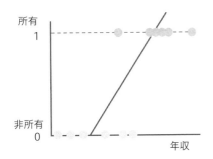

ロジスティック回帰分析

目的変数を「保有している確率（0〜100%）」のS字カーブの曲線としてモデル作成する。確率が1を超えることはない

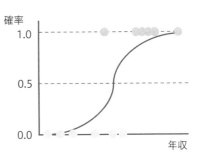

▶ 図6.5.8　重回帰分析とロジスティック回帰分析のイメージ

第6章　Webアンケート分析の幅を広げる解析手法

201

コンジョイント分析
（キードライバーの発見）

トレードオフを加味した選好度がわかる解析手法

　コンジョイント分析とは「トレードオフを加味した消費者の購買行動の把握、シミュレーションができる分析手法」です。新商品・サービス開発における最適なスペック探索で活用されることが多いですが、価格変更時のシェアシミュレーションなどにも活用できます。

コンジョイント分析は「消費者の行動パターン」から「本音」を探る

　コンジョイント分析は、消費者の行動パターンから消費者が求める本音を引き出そうとする点に特徴があります（図6.6.1）。一般的なアンケートでは、「○○を購入する際に何を重視しますか？」と質問し、「有名なブランドである」「○○機能がある」「価格が安い」などの選択肢を提示して重視度を聴取します。その結果、いずれの重視度も高くなり、「高機能で低価格な商品が求められている」といった現実不可能な結論になることが多いです。

　一方、コンジョイント分析では、属性と水準から仮想の商品案を作成し、その評価から消費者の選択基準（どの属性をどのぐらい重視し、どの水準が望まれるか）を判断します。仮想の商品案を評価する中で、「価格は安いほうがいいけど、それよりも○○機能が大事」などのトレードオフを意識して回答させる点が特徴です。

コンジョイント分析の実施ステップ

　図6.6.2に、コンジョイント分析の実施ステップを掲載しています。出発点は、製品を構成する「属性」と、各属性の「水準」の設定です。その後、仮想の商品案（コンジョイントカード）を作成して、アンケートを実施します。分析では「レンジ（相対的重要度）」「部分効用値」を算出し、既存商品と新商品／リニューアル商品のマインドシェアの比較・シミュレーションを通じて、最適な商品・サービスのスペックを検討していきます。

コンジョイント分析は、属性・水準の増加に対応できるように「CBC」「ACBC」などの方法が開発されています。一般的なコンジョイント分析を想定して説明しますが、CBC、ACBCでの実施をお勧めします。

よくあるアンケート	コンジョイント分析

 部分から全体へ積み上げる

〇〇を購入する際に何を重視しますか？

- ✓ 有名なブランドである
- ✓ 画面サイズが小さい
- ✓ メモリ容量が大きい
- ✓ バッテリー駆動時間が長い
- ✓ 価格が安い
- ✓ ……

高機能で低価格な商品が求められている

 そんな製品を開発できたら苦労しないよ。

 全体から部分へ分解する

以下のノートパソコンで買いたい順位は？

商品案1	商品案2	商品案3
ブランド：〇〇 OS：Core i5 メモリ：8GB 重さ：約1.3kg 画面：13インチ … 価格：69,800円	ブランド：☆☆ OS：Core i7 メモリ：4GB 重さ：約2.8kg 画面：15インチ … 価格：89,800円	ブランド：〇〇 OS：Core i3 メモリ：8GB 重さ：約1.4kg 画面：10インチ … 価格：49,800円

行動分析から何を重視しているかを推定
どの水準まで必要かも理解できる

大事なのは「価格」と「重さ」なのか。価格は「〇〇円」を超えると厳しく、重さは「〇〇kgまでは許容範囲」なんだな。

**トレードオフを考慮した選択行動から消費者自身も
気付いていなかった選択行動における傾向を抽出できる**

▶ 図6.6.1　コンジョイント分析のアプローチ

① 「属性」「水準」を設定する　② 仮想の商品案を決める　③ アンケートでデータ収集する

④ 「レンジ」「部分効用値」を算出する　⑤ 自社商品、競合商品のマインドシェアを算出する　⑥ スペック変更によるシミュレーションを行う

▶ 図6.6.2　コンジョイント分析の実施ステップ

（1）コンジョイント分析の出発点は「属性・水準表」の作成

コンジョイント分析の出発点は、製品を構成する「属性」と、各属性の「水準」の設定です（図6.6.3）。属性とは「ブランド・価格・機能・性能といった商品の構成要素」、水準とは「属性の具体的なレベル（ブランドA、ブランドBなど）」を言います。

属性は、（1）商品の選好に重要で、対象者が客観的に判断できる属性を選ぶ、（2）各属性がなるべく独立している属性を選ぶことが重要です。コンジョイント分析は、パソコンや金融サービスなど、スペック（物理的・機能的属性）が明確かつ重要である商材が向いており、「甘さ」「可愛さ」など、対象者で解釈が異なる商材には向いていません。

水準を検討するときは、属性間の水準で大きな開きがないことが重要です。例えば、価格の水準が「1,000円、1,010円、1,020円」と間隔が極端に小さい場合、回答者が「この違いならば、どうでもいい」と判断して回答するため、他の属性よりも価格の重要度が小さくなってしまいます。

（2）属性・水準をもとに、仮想の商品案を作成する

属性・水準を設定した後は、仮想の商品案を作成します。仮に、4属性・各2水準の場合、2×2×2×2で計16通りの組み合わせが考えられます。16通りの全てを対象者に評価してもらうと、回答負荷が大きくなります。

そこで、実験計画法で用いられる直交表をもとに、提示パターンを絞り込みます。直交表とは、属性とその水準が均等に現れる実験条件を決めるために作られた表を言います。4属性・各2水準の場合、L8直交表を用いて、8つの商品案を聴取すると、全ての組み合わせを調べなくても評価することができます（属性、水準が多い場合は、後述のCBCなどをお勧めします）。

（3）レンジ、部分効用値から、「何を」「どのぐらい」重視するかを推定する

商品案を作成した後は、対象者に選好度（魅力度、購入意向など）を聴取します。聴取方法には、順位付け法（商品の順位を付けてもらう方法）、評定尺度法（7段階などで聴取する方法）があります。調査データが集まった後は、SPSSなどの統計ソフトもしくはExcelの重回帰分析（ダミー変数化が必要）をもとに分析を実施します。

分析結果は「レンジ（相対的重要度）」と「部分効用値」の2つです。レンジとは、属性の選好への重要度を100％構成比で表したもので、どの属性がどのくらい重要であるかがわかります。部分効用値とは、各水準の選好への影響度（魅力度）を表したもので、水準がどのぐらいを超えると、魅力度が大きく低下するかなどを把握できます。

	水準1	水準2	水準3	水準4	水準5
ブランド	A社	B社	C社	D社	E社
剤形	カプセル	シロップ剤	錠剤	微粒	
服用頻度	1日1回	1日2回	1日3回		
内包量	3日分	4日分	5日分	6日分	8日分
メッセージ	早く効く	胃に優しい	水なしで飲める	持続する	家で休もう
価格	1,400円	1,600円	1,800円	2,000円	

▶ 図6.6.3　属性・水準のイメージ（例・風邪薬）

① レンジ（相対的重要度）
✓ どの属性がどのくらい重要であるかを表す
✓ 選好への重要度を100％構成比で算出

■ブランド　■メッセージ　価格　■内包量　■剤形　■服用頻度

② 各水準の選好への影響度

部分効用値

▶ 図6.6.4　コンジョイント分析の解析結果（レンジ、部分効用値）

(4) スペック変更による「マインドシェア」をシミュレーションする

レンジ、部分効用値を算出した後は、最適な新商品・サービスのスペックを探索します。図6.6.5に示すように、最初に既存製品のスペックを再現し、部分効用値の合計をもとに、既存製品のマインドシェアを算出します。マインドシェアには、プロモーションなどの影響が含まれておらず、実際のマーケットシェアとは一致しない点に注意が必要です。

次に、自社商品のスペックを操作可能な水準に変更し、マインドシェアがどのぐらい変化するかを確認し、最適なスペックを探索していきます。

属性・水準が増えたときは「CBC」「ACBC」を活用しよう

属性と水準が増えると、仮想の商品案の数が大きく増加します。属性と水準の増加に対応して「CBC」「ACBC」などの手法が開発されています。

図6.6.6に、CBCの調査画面を提示しています。実際の購入場面を想定して、「いずれも購入しない」を含めて、最も購入したい商品を1つ選ぶ形式になっています。一方、耐久消費財などじっくり考えて購入商品を決定する商品には「ACBC」が向いています。

コンジョイント分析を使うと、「価格シミュレーション」も可能になる

コンジョイント分析は、価格変更時のシェアシミュレーションにも活用できます。価格は操作しやすい変数である一方、売上や利益に大きな影響があるため、慎重に検討する必要があります。

コンジョイント分析をもとに価格変更のシェアシミュレーションする際は、「商品」と「価格」の2つの属性に絞ります。図6.6.7に示すように、商品と価格の組み合わせを提示し、CBCによるアンケートを実施します。

分析では、競合商品の価格を固定した上で、自社商品の価格だけを変更し、値下げ・値上げによるマインドシェアの変化を把握します。価格を上げていくと、ある時点を超えると急激にシェアが減少する価格（＝留保価格）がわかります。その手前までは価格を上げることができる可能性があります。加えて、自社商品の価格を上げることで、どの競合商品のシェアが上がるか（スイッチするか）を把握できるため、自社商品と競合関係にある商品を特定することができます。

	既存市場				シミュレーション			
	既存商品を「属性・水準」で再現する				自社商品の水準を変更（リニューアル） 新しい商品案を作成（別ラインの投入）			
	自社 商品	競合 A	競合 B	競合 C	自社 商品	競合 A	競合 B	競合 C
マインド シェア	21%	34%	25%	20%	36%	27%	20%	17%

▶ 図6.6.5　スペック変更による「マインドシェア」のシミュレーション

メーカー・ ブランド	国内I社	国内J社	海外A社	国内K社	国内H社	いずれも 買わない
価格	102,000円	220,000円	97,000円	124,000円	129,800円	
OS	Windows 11 Home	Chrome OS	Windows 11 Home	Windows 11 Home	mac OS	
ストレージ	256GB SSD	1TB SSD	256GB SSD	512GB SSD	1TB SSD	
プロセッサー	Intel Core i5	Intel Core i7	Intel Core i5	AMD Ryzen 5	Intel Core i7	
メモリ	8GB	16GB	8GB	16GB	16GB	
バッテリー 駆動時間	7時間	8時間	7時間	12時間	8時間	
重さ	1.7kg	2.5Kg	1.6Kg	1.7kg	2.5Kg	
ディスプレイ サイズ	10インチ ワイド	16.1インチ ワイド	15.6インチ ワイド	15.6インチ ワイド	17.3インチ ワイド	
	○	○	○	○	○	○

最も購入したい商品を1つ選択（1人10～15回程度繰り返し）

▶ 図6.6.6　コンジョイント分析（CBC）のイメージ

【調査画面】　　　　　　　　　　　　【分析結果】

1280円　830円　600円　880円　880円

730円　930円　680円　1280円 1280円

「ブランド（パッケージ）」「価格」の2属性。
最も購入したい商品を1つ選択
（1人10～15回程度繰り返し）

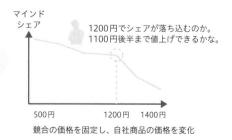

1200円でシェアが落ち込むのか。
1100円後半まで値上げできるかな。

競合の価格を固定し、自社商品の価格を変化

▶ 図6.6.7　価格変更によるシェアシミュレーション

決定木分析
（キードライバーの発見）

多様なデータから、
目的変数に影響を与える要因を探る手法

　決定木分析とは「目的変数に影響する説明変数を探索し、樹木状のモデルを作成する分析手法」です。決定木分析は、（1）単一回答、複数回答、数値回答など様々な形式のデータを説明変数に設定できる、（2）クロス集計を繰り返すことなく、説明変数を組み合わせて目的変数に影響する要因を理解できる点が特徴です。図6.7.1のように、目的変数が綺麗に分かれる直線を描いていく手法で、説明変数を組み合わせて傾向を把握できます。

　一方、回答者を樹木状に分類していくため、決定木分析を実施する際は、サンプルサイズを大きくする必要がある点に注意が必要です。

「特定顧客の特性把握」「成功パターンの探索」で活用しよう

　アンケートにおける決定木分析の活用シーンとして、（1）新商品・サービスの有望顧客、既存商品のロイヤル顧客や不満顧客などの「特定顧客の特性把握」、（2）利用金額の増加に結び付きやすい組み合わせ、価格プレミアムを醸成するイメージの組み合わせの探索といった「成功パターンの探索」などがあります。

　図6.7.2に、顧客との取引が増える（＝売上成長率）パターンを抽出するために、決定木分析を用いた例を掲載しています。説明変数を組み合わせることで、行動パターンが具体化しやすくなります。また、不満点を目的変数に置くことで、不満につながる行動パターンも抽出できます。

　対象者を分割する分析手法には、CHAID（多分岐が可能）、CART（2分岐のみ）などがあります。サンプルサイズが少ないときは、CARTを中心に試行錯誤していきます。また、ツリーが深くなるにつれて、サンプルサイズが小さくなり、誤差が発生しやすくなるため、ツリーの深さを深くし過ぎないように調整することがポイントです。

新商品の利用意向層と非利用意向層を分ける基準を知りたい

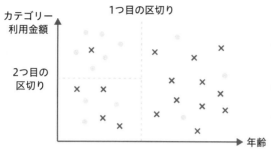

カテゴリー
利用金額

1つ目の区切り

2つ目の
区切り

年齢

● 利用意向層
× 非利用意向層

○ 利用意向層と非利用意向層の
割合が大きく分かれる直線で
分割する

○ 分割の基準には、カイ二乗統
計量、ジニ係数などがある

○ この分け方の流れが樹木状
（ツリー）の分岐点になる

▶ 図 6.7.1 決定木分析の分割イメージ

顧客との取引額が増える（＝売上成長率）パターンを知りたい

平均売上成長率：185%
持ち込み提案を

実施しないと
平均売上成長率：123%
顧客との関係強化で

実施すると
平均売上成長率：437%
提案による経営課題の解決で

「満足」に至らないと
平均売上成長率：106%

「満足」だと
平均売上成長率：150%
運用改善で

「満足」に至らないと
平均売上成長率：186%

「満足」だと
平均売上成長率：940%

持ち込み提案を実施し、
経営課題を解決できると
売上成長率が急成長

「満足」に至らないと
平均売上成長率：120%

「満足」だと
平均売上成長率：230%

持ち込み提案しなくても、運用改善に満足し
てもらえれば高い売上成長率を実現できる

▶ 図 6.7.2 決定木分析のアウトプット例

知っておくと便利な分析手法

当たり前品質、魅力的品質を判別する「Better-Worse 分析」

消費者が感じるニーズ（ベネフィット）や機能には、「あって当たり前」「なくても仕方ないが、あると嬉しい」などの種類があります。品質要素の分類手法として開発された狩野モデルを活用した Better-Worse 分析は、未充足ニーズの探索、新製品開発の着想を得るのに有効な手法です（図 6.8.1）。

具体的には、商品・サービスの品質要素ごとに「機能設問」と「逆機能設問」を聴取します。その後、機能設問と逆機能設問を掛け合わせて、顧客の求める品質を「当たり前品質」「一元的品質」「魅力的品質」に分類し、2次元空間上にプロットすることで、各品質の位置づけを把握します。

実務では、機能設問と逆機能設問だけだと、品質要素自体の重要度が不明であるため、品質要素ごとの重要度も聴取すると活用しやすくなります。

商品・サービスに対する「価格観」がわかる「PRICE2」

消費者に受け入れられる価格帯（価格感度）を測定する手法に、「PSM 分析」があります。図 6.8.2 に示す4つの価格を聴取することで、「上限価格」「下限価格」「妥協価格」「理想（最適）価格」を求める手法です。

PSM 分析は、価格を「点」で捉えており、各価格が実現不可能なときに対策が打てない／それ以外の価格設定における受容性がわからないなどの問題点があります。マクロミルでは、PSM を改良し、商品・サービスに対する価格の幅、需要が落ち込む価格がわかる手法として「PRICE2」を提供しています。

PRICE2 は、PSM と聴取方法は同じですが、（1）商品・サービスへの価格観が「幅」でわかるため、価格変更時の受容性が把握できる、（2）消費者の受容性が急減する価格がわかる点が特徴です。受容性が急減する手前に価格設定することで、売上を最大化させる価格を検討しやすくなります。

顧客の満足感

満足

一元的品質
（あれば満足、
ないと不満）

魅力的品質
（なくても仕方ない、
あると嬉しい）

充足　物理的な
充足度

不充足

当たり前品質
（あって当然、
ないと不満）

不満足

個々の品質（ニーズ）を
以下の2問で聴取

＜機能設問＞
もし、〇〇が良かったならば、
どう感じますか？

＜逆機能設問＞
もし、〇〇が悪かったならば、
どう感じますか？

＜選択肢＞両方とも共通
気に入る　　　　　　仕方ない
当然である　　　　　気に入らない
何とも思わない

▶ 図6.8.1　狩野モデルによる品質分類（Better-Worse分析）

新商品に対する消費者の価格観を知りたい

Q1. いくらくらいから「安い」と感じますか？
Q2. いくらくらいから「高い」と感じますか？
Q3. これ以上高いと「高すぎて買えない」と思う価格はいくらくらいですか？
Q4. これ以上安いと「品質に不安を感じる」価格はいくらくらいですか？

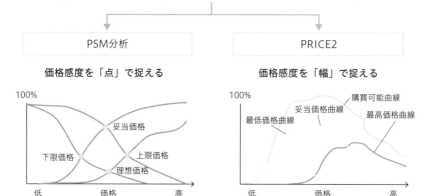

PSM分析

価格感度を「点」で捉える

100%

妥当価格

下限価格　　　　　　上限価格

理想価格

低　　　　価格　　　　高

PRICE2

価格感度を「幅」で捉える

100%

購買可能曲線

妥当価格曲線

最低価格曲線

最高価格曲線

低　　　　価格　　　　高

消費者は商品・サービスを「〇万円から☆万円ぐらい」と価格帯で判断する。
PRICE2は、価格観が幅でわかり、受容性が急激に落ち込む価格がわかる。

▶ 図6.8.2　消費者の価格感度を測定する「PSM分析」「PRICE2」

211

有意差検定
（仮説の検定）

検定は「データ解釈の主観性を抑える手段」

アンケートの分析を進めていくと、図6.9.1に示すように、分析軸間のスコア差について「差がある」と言い切っていいか悩むことがあります。

その際は、有意差検定（仮説の検定）をもとに、統計的に見て「有意差」があるかどうかを判断します。検定はサンプリング誤差早見表と連動しており、サンプルサイズが大きいと、少しのスコア差で有意差がつきます。検定はサンプルサイズが小さいときに活用する手法です。

検定は統計用語ではなく、「イメージで理解する」

図6.9.2に、検定の実施ステップを掲載しています。帰無仮説、検定統計量など、難しい用語が並びます。ここでは、統計的な厳密さよりもわかりやすさを重視して、イメージをもとに説明していきます。

検定の出発点は、図6.9.3の左図のように「2つの分析軸にはスコア差がない」と仮定します。これを帰無仮説（本当は捨てたい仮説）と言います。検定では、「関東と東海の間にはスコア差がない」という仮説自体が間違いであり、「関東と東海の間にはスコア差がある」と導いていくアプローチを取ります。

次に、東海を固定して、関東のスコアを高くしています。分布が右に移動するほど、両者は差がある状態に近づいていきます。では、どこまで右に行くと「関東と東海に差がある」と言えるのでしょうか？ それは「東海のスコアが関東よりも高い逆転現象を100回中何回許容できるか」で決まります。この逆転を許容する回数を「有意水準」と言います。慣習的に100回中5回が多く、有意水準5％（信頼度95％）と言います。100回中5回は間違える可能性があるため、有意水準は「危険率」とも言われます。

図6.9.3の右図では、関東が②のときは逆転現象が100回中5回未満になるため、「関東のほうが東海よりも高い」と結論づけます。一方、①の場合

は、逆転現象が100回中5回以上になるため「差がない」となります。この場合は「今回の結果からは差があるかわからない」と表現します。

	サンプルサイズ	自社ブランド認知率
関東	100	25.0%
東海	100	20.0%

「関東のほうがブランド認知率が高い」と言っていいのかな？誤差の範囲かな？

▶ 図6.9.1　検定が発生するシーン

① 帰無仮説を設定する　　② 有意水準を設定する　　③ データを収集する

④ 検定統計量を計算する　　⑤ 臨界値（有意水準）と比較する　　⑥ 仮説の結論を導く

▶ 図6.9.2　検定の実施ステップ

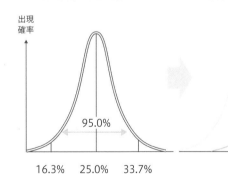

完全に差がない

出現確率

95.0%

16.3%　25.0%　33.7%

関東と東海の分布が完全に重複

重なりが小さいほど差がある状態

①　　②

20.0%　25.0%　　50.0%
（東海）（関東①）　（関東②）

分布の重なりが小さいほど「差がある」状態に近づく

東海と関東の逆転現象（関東よりも東海が高い）が100回中5回より低い場合、「関東のほうが東海よりも統計的にスコアが高い」と判断

▶ 図6.9.3　検定のイメージをつかむ

◉「何を検定したいか」で、活用する検定手法が決まってくる

有意差検定には、多くの種類があります。本書では、母集団が正規分布に従うことを仮定した検定手法（パラメトリック検定）を説明します。好きなブランドの順位など、母集団が正規分布に従わないときの検定手法（ノンパラメトリック検定。ウィルコクソンの符号順位検定、カイ二乗検定など）を知りたい場合は、専門書を参照してください。

どの検定を適用するかを検討する際は、「分析したい対象」と「分析条件」を考えます（図6.9.4）。グループ間（分析軸間）の比率を検定したい場合は「Z検定」を用います。平均値の場合は、比較したいグループ数で検定方法が異なります。2つのグループ間（分析軸間）の平均値を検定したい場合は「t検定」、3つ以上のグループ間（分析軸間）の平均値を検定したい場合は「分散分析」を活用します。

上記に加えて、t検定では「対応関係の有無」も確認する必要があります。「対応関係なし」とは、お互いに関連のない独立なグループ（例：男性と女性）の平均値を比較することです。一方、「対応関係あり」とは、同じ人が商品Aと商品Bを評価した際に、それぞれの平均値を比較することです。

◉ 検定のアウトプットを理解する

主要な調査会社が提供する無料集計ソフトには、検定機能が搭載されています。マクロミルが提供する「QuickCross（クイッククロス）」をもとに、検定のアウトプット例を見ていきましょう。

図6.9.5に、年代別に見たサブスクの現在利用率を掲載しています。年代別に「a～f」の記号があり、この記号が付いていると有意水準5%でスコアが高いことを意味します。「音楽配信」を見ると、10～20代と30代以上で利用率に違いがあり、50代と60代でも統計的に有意差があることがわかります。また、「洋服」では、20～30代と40～50代では、現在利用率は1pt程度の違いですが、サンプルサイズが大きいため、有意差が付いています。

検定は全ての設問で行うのが理想ですが、現実的には、意思決定に影響を及ぼす重要な設問において検定を実施することが多いです。重要な設問は「このスコア差は、統計的に有意であると言えるのか？」と質問を受けることが多いです。根拠をもって、説明するためにも仮説の検定を実施しましょう。

なお、数値を入力すると検定結果を表示してくれるサイトもありますので、有効活用しましょう。

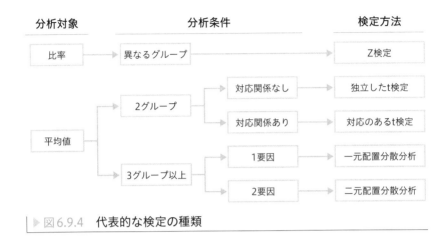

▶ 図 6.9.4　代表的な検定の種類

以下の「サブスクリプション」のうち、あなたが現在利用しているものをすべてお選びください。

有意水準：5%			全体	音楽配信	動画配信	電子書籍	ゲーム	雑誌	洋服	スーツ
全体			(10400)	18.5	35.8	5.9	4.2	3.1	1.0	0.7
年代別	18〜19歳	a	(320)	38.8 CDEF	45.0 DEF	5.3	8.8 DEF	1.6	1.9 EF	1.9 EF
	20〜29歳	b	(1605)	39.7 CDEF	51.6 ACDEF	8.1 DEF	9.6 CDEF	3.9 EF	2.2 DEF	1.7 DEF
	30〜39歳	c	(1845)	21.4 DEF	43.7 DEF	9.5 ADEF	6.4 DEF	4.6 ADEF	1.8 DEF	1.0 EF
	40〜49歳	d	(2396)	14.8 EF	33.3 EF	5.9 EF	3.5 EF	3.3 F	0.7 F	0.7 EF
	50〜59歳	e	(2180)	11.7 F	27.9	3.8 F	1.7 F	2.3	0.6 F	0.2
	60〜69歳	f	(2054)	7.5	26.2	3.3	0.5	1.9	0.1	0.0

✓ 記号がある場合は、その記号の軸よりも有意に高いことを意味します。記号がない場合は「今回は差が見られなかった」と解釈します。
✓ 同じスコア差でも、サンプルサイズや比率が異なると結果も異なります。
✓ 意思決定に影響を与える設問は、検定を実施して、根拠をもって説明できるようにしましょう。

▶ 図 6.9.5　検定のアウトプット例・読み方

統計的因果推論
（正しく効果を測る）

「正しく効果を測る」ことの難しさ

　ビジネスにおいて「施策の効果を測る」ことは重要です。施策の評価を正しく測定することで、過去の施策との比較ができ、次のアクションへの示唆が得られるためです。アンケートでも広告効果測定、キャンペーン効果測定などが多く実施されています。

　広告効果測定では、広告投下前後の「事前（プレ）調査」と「事後（ポスト）調査」におけるブランド態度・購入経験のスコア差分から効果を測定するのが理想です。一方で、費用面などの理由から、事後（ポスト）調査だけを実施し、「広告接触者」と「広告非接触者」のスコア差分から広告効果を検証するケースが多く見られます（図6.10.1）。

　実は、広告接触者と広告非接触者のスコア差分から広告効果を検証する場合、正しく効果を測定できていないことが指摘されています。

●「セレクションバイアス」が効果を大きく見せてしまう

　因果推論とは、「実験データや観察データから得られた不完全な情報をもとに、事象の因果効果を統計的に推定していくこと」を言います。

　因果推論の観点では、先ほどの広告接触者と広告非接触者のスコア差分による効果測定の場合、「因果効果（施策による効果）」に加えて、「セレクションバイアス（施策以外の効果）」が混ざっている点が問題になります。

　セレクションバイアスとは「比較する2グループの潜在的な傾向が違うことが原因で発生するバイアス」を言います。広告効果測定の場合、性別、年代、メディア利用時間、カテゴリーへの関与度などがセレクションバイアスを発生させる要因になります（図6.10.2）。

　上記の結果、広告効果測定調査の多くのケースにおいて、広告を実施した効果が過大に評価されることが生じます。セレクションバイアスがある中で、有意差検定を実施しても意味がなくなります。

【理想】

広告投下前 → 広告投下後

事前（プレ）調査　　広告投下　　事後（ポスト）調査

事前調査と事後調査の調査対象条件、設問などを揃えて、結果の差分から効果を測定する

● 調査を2回実施すると、コストがかかるな……

● 比較してスコア差がつかないと、立場的に困るな……

【よくある現実】

広告投下後

事後（ポスト）調査　　広告接触者　　広告非接触者

事後調査のみ実施し、広告接触者と広告非接触者の差分から効果を測定する

● 広告非接触者よりも広告接触者のほうがブランド評価が高いです！

▶ 図6.10.1　広告効果測定の「理想」と「よくある現実」

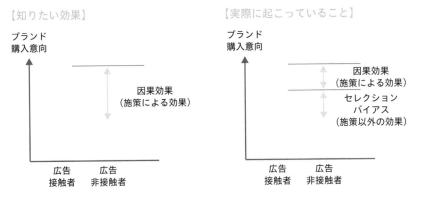

因果効果（施策による効果）とセレクションバイアス（施策以外の効果）が
混ざっており、正しい効果を測定できていない可能性がある

▶ 図6.10.2　「因果効果」と「セレクションバイアス」

理想は「ランダム比較試験（RCT）」。でも、現実的には難しい

　正しい因果効果を測定するための条件を、服薬を例に説明します。服薬の因果効果を測定する場合、1人の人が薬を飲む／薬を飲まない場合の効果を比較できることが理想です。この差が薬の「因果効果」になります。ただし、1人の人が一度薬を飲むと、飲まなかった場合の効果を測定することができません。これを「因果推論の根本問題」と言います。

　また、タバコの喫煙効果を測定するために、タバコを吸う人／吸わない人でグループ分けして分析しようとしても、健康意識や生活習慣などの第3因子（交絡因子）が混じってしまうため、因果効果を正しく推定できないことがあります。これが「セレクションバイアス」です。

　このような問題を解消する1つの方法が「ランダム比較試験（RCT）」です（図6.10.3）。ランダム比較試験とは「対象者をランダムに割付することで、因果効果を正しく評価する手法」を言います。薬の投与の場合は、あるグループには薬を投与（＝処置群）し、別のグループには偽薬を投与（＝対照群）して効果を測定します。マーケティングの世界でも、ABテストとして実施されています。アンケートでも、自宅に試作品を郵送して一定期間使用した後に、商品評価するHUT（ホームユーステスト）では、異なるグループ間で試作品を評価する際は、各グループの同質性を重視します。

　ただし、広告やキャンペーンでは、施策の実施前に、対象者をランダムに割付することができず、施策実施後の観察データで効果を測定することになるため、ランダム比較試験を適用できないといった制約があります。

因果推論をもとに「セレクションバイアス」を取り除く

　因果推論とは、比較するグループの同質性を高めることで、セレクションバイアスを取り除き、因果効果を測定していくアプローチです。

　広告接触者など施策を実施したグループ（処置群）、広告非接触者など施策を受けなかったグループ（対照群）の両方に影響を与える第3の要因（交絡因子）を同質化し、比較可能な2グループに調整することで、その差分である「平均因果効果」を算出していきます。交絡因子の調整を通じて、セレクションバイアスを取り除き、因果効果だけを残そうとするのが因果推論の基本的なアプローチです。

ランダム比較試験（RCT）

対象者をランダムに割付することで、因果効果を正しく評価していく手法

▷ 図6.10.3　ランダム比較試験（RCT）

① 第3の要因（交絡因子）を検討する

② 第3の要因を同質化させる（調整する）

- ∨ 交絡因子とは、2つのグループに対して、影響を与えている要因
- ∨ 片方のグループだけに影響がある場合は交絡因子とはならない

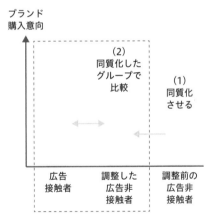

**2つのグループの両方に影響を与える第3の要因（交絡因子）を同質化して
比較可能な2グループに調整することで、因果効果を推定していく**

▷ 図6.10.4　因果推論の基本的なアプローチ

●「共変量」のデータ入手状況で、アプローチ方法が異なる

図6.10.5に、観察データを調整するためのアプローチを整理しています。(1) 同質化させたい交絡因子が「共変量」として入手できるか、(2) 処置前後の結果が入手できるか、が分岐点になります。共変量とは、広告接触などの処置の有無、KPI（ブランド態度、購入意向、購入経験など）以外に取得できるデータを言います。広告効果測定では、性別、年代、居住地、カテゴリー関与度などが該当します。

● 共変量が入手できるときは「傾向スコア分析」「回帰分析」を使う

共変量となるデータが入手できる場合は、「傾向スコア分析」「回帰分析」をもとに、2つのグループの同質化の処理を実施します。

傾向スコア分析では、ロジスティック回帰分析を用いて、複数の共変量を1つの指標に統合します（図6.10.6）。回帰式（予測モデル）から、個々の対象者が処置群（広告接触者）になる確率を算出します。この確率を「傾向スコア」と呼びます。この傾向スコアをもとに、傾向スコアの分布が同じになるように処置群と対照群を重み付けする、傾向スコアが近い人同士をマッチングさせるなどを行い、2グループの同質化を図ります。

回帰分析による効果測定は、交絡因子を説明変数に追加して回帰分析を実施します。回帰分析から得られる回帰係数は、他の説明変数の影響を一定とした場合のそれぞれの説明変数の目的変数に対する影響度を表します。そこで、この回帰係数を因果効果とするアプローチです。どの変数を説明変数に入れるかはバックドア基準で決定します。

● 処置前後の結果が入手できるときは「差の差分法」を用いる

アンケートの場合、共変量が入手できることが多いですが、共変量が入手できず処置前後の結果が入手できるときは、「差の差分法」が有効です。

具体的には、図6.10.7に示すように、処置群の「ポスト」（施策実施後）と「プレ」（施策実施前）の結果の平均値の差を取ります（＝差分①）。次に、対照群の「ポスト」と「プレ」の結果の平均値の差を取ります（＝差分②）。最後に、差分①と②の差を取ることで、施策の効果を測る方法です。2つの差分の差分を取ることから、「差分の差分法」とも呼ばれています。

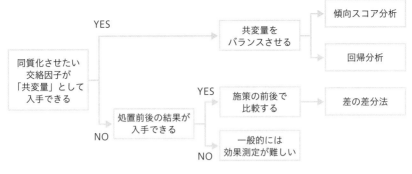

▶ 図6.10.5　観察データにおける因果推論アプローチ

▶ 図6.10.6　傾向スコア分析のイメージ

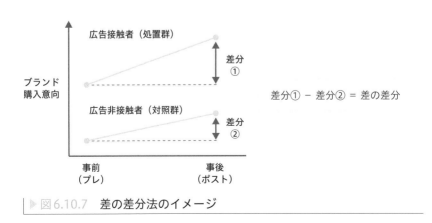

▶ 図6.10.7　差の差分法のイメージ

時代は変わる。
変化を先読みする設計を意識する

データ分析には、（1）直近1年間もしくは現時点などに着目した「クロスセクション分析」、（2）時間の経過に伴って変化するデータを分析する「タイムシリーズ分析（時系列分析）、があります。アンケートでは、前者をベースとした設計・分析が多いですが、タイムシリーズの観点を入れ込むことで、有益な結果につながることが多いです。

本コラムでは、毎回対象者を抽出し、調査を実施する「反復調査」（U&A調査、ブランド調査などの定点調査、広告効果測定調査など）ではなく、同じ対象者の時系列を追跡する「パネル調査」の事例を紹介します。

「基準」を設定することで、正しい判断をしやすくなる

会員向けの顧客満足度調査におけるパネル調査の事例を紹介します。この調査では、前年回答した満足度の点数を画面に表示し、今年の満足度を聴取しました。前年の回答を「基準」に、今年の満足度を評価してもらうことで、「満足上昇者」「満足横ばい者」「満足低下者」の正確なボリューム把握、統一した基準での分類が可能となります。個別評価項目とのクロス集計を通じて、満足度の上昇要因／減少要因を分析したところ、他の分析方法よりも特徴が明確になりました。単発の調査でも、「現在の満足度」と「前年からの満足度の変化」を聴取することで、回答者を分類することが可能です。

1人の「ニーズ」「重視点」の追跡することで先読みをする

マーケティングでは、顧客ニーズの変化を先駆けて発見し、対応することが重要です。「過去→現在→未来（次回）」の観点で、顧客の変化・背景を理解することは、ビジネスでは当然のように行われています。

アンケートにおいても上記の視点は有効です。アンケートで、直近行動の「ニーズ」「重視点」を聴取した後に、1つ前の行動（商材によっては時期を空ける）と、次回以降の行動における「ニーズ」「重視点」を聴取することで、今後強まるニーズ／弱まるニーズ、重視点が見えやすくなります。現在と未来という「2地点」ではなく、過去・現在・未来という「3地点」で傾向を把握することで、トレンドを把握しやすくなります。

何度もアンケートを実施しているが、今ひとつ活用できていない場合は、1人の変化を追跡する設計を意識してみることをお勧めします。

代表的な
リサーチテーマの
理解

第7章では、マーケティングプロセスにおける代表的なリサーチテーマを説明していきます。マーケティングプロセスにおけるリサーチ課題を整理した後、Webアンケートで実施されやすい5つのリサーチテーマについて、「調査ゴール」「主要な調査項目」「アウトプットイメージ」「調査実施上のポイント」などを説明します。Webアンケートを実施する際の参考として活用していただければと思います。

7.1 マーケティングプロセスと リサーチテーマ

マーケティングプロセスの至るところで、 リサーチが実施されている

図7.1.1 に、マーケティングプロセスにおける主要なリサーチテーマを掲載しています。マーケティングプロセスに沿って、主要なリサーチ課題、代表的なリサーチテーマを説明します。

◉ <STEP1>市場環境分析を通じて「市場機会を発見する」

市場環境分析では、PEST分析、3C分析などを通じて、成功確率が高まる戦略の方向性を探っていきます。その中でも、消費者の未充足ニーズを探索する「未充足ニーズの発見」、自社や競合のポジションを把握する「競合＆ポジション把握」、市場規模を把握する「市場規模の推計」などで、アンケートが活用されています。

このステップでは、U&A（使用実態）調査、ニーズ探索調査、競合把握調査、ブランド調査などが実施されています。

◉ <STEP2>市場に受容される「製品コンセプトを開発する」

市場環境を分析する中で、ニーズ起点で顧客（消費者）をセグメンテーションし、どのような顧客が存在するかを理解していきます。同時に、「未充足ニーズ」と「シーズ（技術、素材など）」をもとに多数のアイデアを創出し、市場に受容される製品コンセプトを開発していきます。

このステップでは「コンセプト開発調査」「コンセプト評価調査」などが実施されています。

◉ <STEP3>製品コンセプトをもとに「マーケティング要素を開発する」

製品コンセプトをもとに、製品本体やプロモーションなどのマーケティング・ミックスを開発していきます。「試作品の開発」では、既存や競合商品と

比べた品質評価に加えて、コンセプトとの合致度をチェックします。オンライン購入が進む現在では、パッケージの重要性も高まっています。

このステップでは、試作品開発調査、パッケージ・デザイン調査、クリエイティブ開発調査、総合ポテンシャル調査などが実施されています。

◦ ＜STEP4＞上市後は「浸透度を確認し、改善を繰り返して育成する」

市場導入後は、想定通りのトライアル率・リピート率を達成しているか、購入者は満足しているかなどを確認・改善していきます。また、定期的に、マーケティング活動を評価し、マイナーな変更は「マーケティング・ミックスの開発」、コンセプトやターゲット変更などの本格的な見直しが必要な場合は「市場環境分析」「STP」に戻って対応策を検討します。

このステップでは、製品浸透度調査、顧客満足度調査、広告効果測定調査、ブランド診断調査などが実施されています。

▶ 図7.1.1　マーケティングプロセスと主要なリサーチテーマ

U&A（使用実態）調査

- -

商品・サービスの使用実態を調べる基礎調査

　U&A（使用実態）調査とは、特定カテゴリーの商品・サービスの使用実態を調べる調査です。U&Aとは「Usage & Attitude」の略称です。消費者と競合の状況をもとに、市場機会を発見するための基礎的な調査です。

市場規模を確認し、使用習慣から未充足ニーズを発見する

　図7.2.1に、U&A調査の調査ゴール、聴取テーマ、主要な調査項目を掲載しています。調査のゴールは、消費者の使用習慣から未充足ニーズを発見し、新商品・サービスのアイデア・着想を得ることです。その実現に向けて、（1）市場規模の把握、（2）使用習慣の理解、（3）未充足ニーズの特定、が主な聴取テーマになります。調査対象者は「カテゴリーの現在使用者」が基本ですが、必要に応じて、「直近の使用中止者」も対象者に含めます。

　市場規模の把握では、2次データが存在しない、もしくは細かい粒度で把握したい場合は、スクリーニング調査から市場規模を推計します。計算式を検討し、必要なデータ（購入率、購入頻度、購入金額など）を聴取します。

　使用習慣の理解では、現使用ブランドの「使用方法（頻度、使用シーン、使い方、他ブランドとの併用状況・使い分けなど）」と「購入習慣（頻度、購入場所、情報収集、重視点、購入理由など）」を聴取します。

　未充足ニーズの特定では、使用満足度に加えて、使用・購入における問題の発生頻度を把握します。また、ニーズ（ベネフィット）や機能の分類を目的に、Better-Worse分析を実施することもあります（6.8参照）。

調査実施前の「消費者が感じる不、未充足ニーズの洗い出し」が重要

　U&A調査を成功させるには、事前に「消費者が感じる不、未充足ニーズ」を洗い出すことが重要です。消費者が感じる不とは、不満・不便・不都合・不安・不快感などの総称で、ペインポイントとも言われます。未充足ニーズ

とは「重要であるものの、未だに満たされていないニーズ」です。定性調査をもとに、(1) 消費者が気づいていない悩み、(2) 気づいているが、諦めている悩み、(3) 本当はやりたくないけど、やっていること・工夫していること、の3つの視点を意識して洗い出すことが重要です。

⚫ **細かいクロス集計、多変量解析を意識して、サンプルサイズは大きめに**

U&A調査の全体集計は「まあ、そうだよね」といった結果になります。クロス集計による深掘り、クラスター分析によるセグメンテーションを実施する可能性があるため、サンプルサイズは大きめに設定します。

U&A（使用実態）調査のゴール

顧客（消費者）の使用習慣から未充足ニーズを発見し、新商品・サービスのアイデア・着想を得る

聴取テーマ	主要な調査項目
① カテゴリーの市場規模を把握する	⚫ カテゴリーの使用率／購入率 ⚫ カテゴリーの使用頻度／購入頻度 ⚫ 1回あたりの使用金額／購入金額
② ターゲット層の使用習慣を理解する	⚫ 主要ブランドの市場浸透度 　（認知／利用経験／現在利用／メイン利用） ⚫ 主要ブランドの今後購入意向 ⚫ 現使用ブランドの認知きっかけ ⚫ 現使用ブランドの使用頻度 ⚫ 現使用ブランドの使用シーン／使い方 ⚫ 他ブランドとの併用状況／使い分け ⚫ 直前の使用ブランド／不満点 ⚫ 現使用ブランドの購入頻度 ⚫ ブランドを選ぶ際の重視点（ベネフィット） ⚫ 現使用ブランドの購入理由 ⚫ 現使用ブランドの購入チャネル
③ ターゲット層の未充足ニーズを特定する	⚫ 現使用ブランドの総合満足度／愛着度 ⚫ 現使用ブランドの満足点／不満点 ⚫ 使用習慣における問題の発生頻度 ⚫ Better-Worse分析 ⚫ カテゴリー意識

▶ 図7.2.1　U&A（使用実態）調査の調査ゴール・主要な調査項目

ヘビー利用者、先行性セグメント、使用中止者による深掘り

　成熟した市場では、重視度が高いニーズ（ベネフィット）は満足度も高く、未充足ニーズが見つかりにくい状況です。全体結果だけでなく、ヘビー利用者、先行性セグメント（多くのブランドを利用しているが、どの商品にも満足できず、特定ブランドに定着していない人）など、感度が高い人に絞って分析することが重要です。

　また、直近の使用中止者に、使用・購入における「問題の発生頻度」「同じニーズを満たすための代替品・行為」「その代替品・行為の満足度」などを聴取し、未充足ニーズを検討することも大事です。

様々なアプローチから未充足ニーズを探索していく

　未充足ニーズを探索するには、（1）ベネフィット構造分析、（2）BSA分析、（3）プロブレムリサーチ、（4）Better-Worse分析などが活用されることが多いです。

　ベネフィット構造分析とは、重視度と満足度のギャップから未充足ニーズを探索する分析手法です（図7.2.2）。重視度の代わりに、重回帰分析を用いて、総合満足度への影響度を設定することもあります。BSA分析とは、購入時の重視度と満足度の比較から「正値不足者比率（満足度よりも重視度が高い人の割合）」と「正値不足度（重視度と満足度の差分）」を算出し、両方のスコアが高い項目を未充足ニーズとして把握する分析手法です。両方の分析手法ともに、機能的なベネフィットでは有益な示唆が出にくいため、情緒的／自己表現的ベネフィットも含めて分析することがポイントです。

　プロブレムリサーチとは、使用行動における問題点の発生頻度や重要度、先行性（他の商品・サービスで解決されているか）から、ニーズや新商品のアイデア・着想を得ようとする分析手法です（図7.2.3）。

　Better-Worse分析とは、消費者が感じるニーズ（ベネフィット）を「当たり前品質」「一元的品質」「魅力的品質」に分類する手法です（6.8参照）。「一元的品質」「魅力的品質」を中心に、既存商品の満足度が低く、自社が差別化できそうな品質に注目します。

　なお、上記の分析を実施すれば、未充足ニーズを必ず発見できるわけではありません。分析結果をもとに、既存商品では盲点だった／かゆい領域はな

いか、消費者の意思決定の軸（重要度）を変えられる要素はないかを考え抜くことが重要です。事前に実施した定性調査と組み合わせて、発想を広げていくことがポイントです。

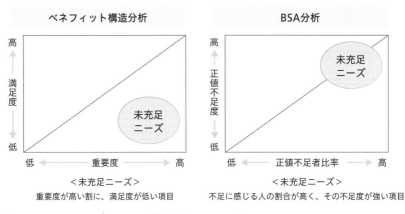

▶ 図7.2.2　ベネフィット構造分析、BSA分析

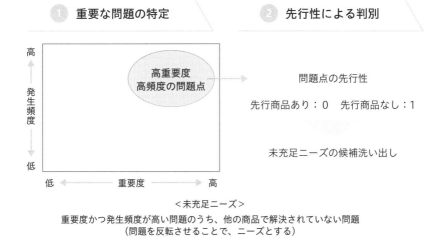

▶ 図7.2.3　プロブレムリサーチ

ブランド調査

主要ブランドの浸透度、イメージ、使用実態を調べる調査

　ブランド調査とは、特定カテゴリーにおける主要ブランドの浸透度、イメージ、使用実態を調べる調査です。機能面での差別化が難しくなっている現在では、ブランド力が購買に大きな影響を及ぼします。ブランド調査を通じて、自社ブランドのポジション、強み・弱みを明確にすることが重要です。

●「市場浸透度」「ブランド評価」「利用者理解」が主要な聴取テーマ

　図7.3.1に、ブランド調査の調査ゴール、聴取テーマ、主要な調査項目を掲載しています。調査のゴールは、主要ブランドの状況を確認し、自社ブランドの強み・弱みを明らかにすることです。その実現に向けて、(1) 主要ブランドの市場浸透度、(2) 主要ブランドのブランド評価、(3) 主要ブランドの利用者理解、が主な聴取テーマになります。調査対象者は「カテゴリーの自購入自使用者」が基本です。また、自社ブランド利用者を利用頻度、直近利用開始者／利用中止者などでクロス集計できるように、ブーストサンプルを設定する必要があるかも考慮しましょう。

●「ブランドエクイティ」を意識した設問設計を心がける

　市場浸透度では、「ブランドの純粋想起」を聴取することが基本です。また、パーチェスファネル・顧客ピラミッドを作成するために「主要ブランドの助成想起／購入経験／現在利用／購入意向」などを聴取します。

　ブランド評価では、ブランドエクイティを考慮して設問を設計します。ブランドエクイティとは「消費者の頭の中にあるブランドに対する一定のイメージ」を言います。図7.3.2に、ブランドエクイティの測定視点を掲載しています。「想起」「機能的価値」「情緒（感性）的価値」「ロイヤルティ」の視点から設問を検討します。4.3も参照してください。

ブランド調査のゴール

主要ブランドの状況を確認し、自社ブランドの強み・弱みを明らかにする

聴取テーマ	主要な調査項目

① 市場浸透度から改善点を特定する
- 主要ブランドの純粋想起
- 主要ブランドの助成想起／購入経験／現在利用
- 主要ブランドの利用頻度／利用金額
- 主要ブランドの今後購入意向

② 主要ブランドのブランド評価から強み・弱みを特定する
- 主要ブランドの自由連想（自由回答）
- 主要ブランドの好意度
- 主要ブランドのパーソナリティイメージ
- 主要ブランドの機能／情緒ベネフィット評価
- 主要ブランドの価格プレミアム
- 購入時に重視する機能／情緒ベネフィット
- 現使用ブランドの満足度
- 現使用ブランドの愛着度／NPS
- 現使用ブランドの特徴認知／特長魅力度

③ 主要ブランドの利用者を理解する
- 現使用ブランドの使用きっかけ
- 現使用ブランドの使用シーン
- 現使用ブランドの購入理由
- カテゴリー意識
- 属性（性別／年代／職業／年収など）

▶ 図 7.3.1　ブランド調査の調査ゴール・主要な調査項目

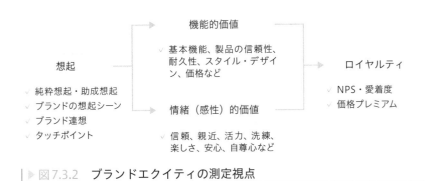

▶ 図 7.3.2　ブランドエクイティの測定視点

231

◉ パーチェスファネルの「歩留まり」から改善点を特定する

　ブランド調査の分析は、パーチェスファネルが基本になります（図7.3.3）。自社と競合のパーチェスファネルを測定し、競合との絶対値、歩留まり率（次のステップへの転換率）を比較し、改善点を特定していきます。

　パーチェスファネルが活用されるのは、マーケティング・ミックスとの相性が良いためです。トライアル以前に問題がある場合は「プロモーション」「チャネル」「価格」、リピート以降に問題がある場合は「製品」「価格」と連動していることが多いです。

◉ グレーブヤード分析、コレスポンデンス分析からポジションを把握する

　図7.3.4に、「グレーブヤード分析」「コレスポンデンス分析」のアウトプットイメージを掲載しています。グレーブヤード分析とは、ブランドの強さを測定する分析手法です。各ブランドを純粋想起率と助成想起率から2次元空間にプロットします。左上は「認知の墓場ゾーン（グレーブヤード）」と呼ばれ、存在感が弱いブランドがプロットされます。右上の「メジャーゾーン」に移動させるために、どのような想起きっかけ、イメージを強化していくかを検討していきます。

　コレスポンデンス分析は、各ブランドのイメージポジションを測定する分析手法です。自社ブランドがどのようなイメージを持たれているかに加えて、自社ブランドと競合関係にあるブランドを把握します。

◉ 適切な比較視点をもとに、自社の強み・弱みを特定する

　自社ブランドの強み・弱みを明らかにすることも重要です（図7.3.5）。横軸に「購入時に重視するベネフィット」、縦軸に「自社と競合ブランドのスコア差分」のプロット図を作成し、自社の強み・弱みを明らかにします。ベンチマーク企業がある場合は、3.8で説明したブランドの一対比較を実施することで、自社の強み・弱みがより明確になりやすいです。

　上記に加えて、自社ブランドのロイヤルティ形成要因を明らかにすることが重要です。自社ブランドを利用頻度別、愛着別などで比較して、どの要因が愛着度に影響がありそうかを分析します。また、愛着度を生みやすくなるイメージの組み合わせを決定木分析などで探索することもあります。

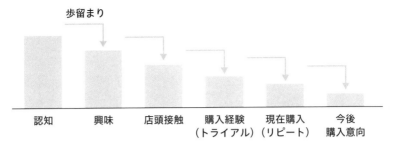

▷ 図 7.3.3　パーチェスファネルで改善点を特定する

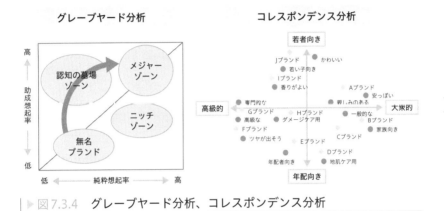

▷ 図 7.3.4　グレーブヤード分析、コレスポンデンス分析

自社の愛着者・非愛着者からの抽出

「機能／情緒ベネフィット評価」の差分で評価

愛着者が強く感じる要素

愛着者
優位

愛着者
劣位

▷ 図 7.3.5　自社ブランドの強み・弱みの把握

製品コンセプト評価調査

製品化する価値がある
コンセプトを開発・評価する調査

　製品コンセプト評価調査とは、市場に受容される製品コンセプトを開発・評価する調査です。費用と時間がかかる製品化の前に、コンセプト評価を実施することで、製品開発の効率を高めることができます。

製品コンセプトを開発・評価する一連の流れ

　図7.4.1に、製品コンセプトを開発する一般的な流れを掲載しています。最初に、未充足ニーズや研究開発によるシーズ（素材、技術）をもとに多数のアイデアを創出します。続いて、簡易コンセプトを作成し、コンセプト開発を進める価値があるものをスクリーニングします。その後、定性調査をもとにコンセプトをブラッシュアップします。最後に、フルコンセプトを評価し、製品化を進めるかを最終決定します。

製品コンセプトは「トライアル・リピートの判断基準」になる

　製品コンセプトとは、「想定ユーザーにどのようなベネフィットを与えるものか」を表現した文章です。マーケティング活動の中心となるもので、マーケティング・ミックスを開発する際の基準になります。

　消費者は、製品コンセプトを具現化したパッケージ、プロモーションをもとに、トライアルするかを判断します。また、商品の使用を通じて、製品コンセプト（事前期待値）に対する評価を行い、リピートするかを判断します。そのため、消費者は「コンセプトを2度評価する」と言われます。

　図7.4.2に、簡易コンセプトと製品コンセプトの例を掲載しています[*1]。簡易コンセプトは、多くの製品コンセプトから受容性が高いものを見つけるために、仮名称、根拠、ベネフィットで構成されます。一方、フルコンセプトは、気づきや購入決定に必要な要素まで含んだものになります。

234

コンセプトを作成する際は、実際にコミュニケーションできる要素に絞ります。「最高品質」「最高級」などを入れると評価は上がりますが、実際にコミュニケーションできないものは、コンセプトの文章から除外します。

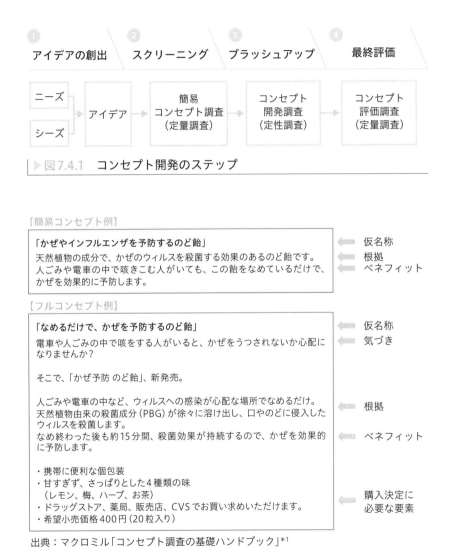

▶ 図 7.4.1　コンセプト開発のステップ

【簡易コンセプト例】

「かぜやインフルエンザを予防するのど飴」　⟸ 仮名称
天然植物の成分で、かぜのウィルスを殺菌する効果のあるのど飴です。　⟸ 根拠
人ごみや電車の中で咳きこむ人がいても、この飴をなめているだけで、　⟸ ベネフィット
かぜを効果的に予防します。

【フルコンセプト例】

「なめるだけで、かぜを予防するのど飴」　⟸ 仮名称
電車や人ごみの中で咳をする人がいると、かぜをうつされないか心配に　⟸ 気づき
なりませんか?

そこで、「かぜ予防 のど飴」、新発売。

人ごみや電車の中など、ウィルスへの感染が心配な場所でなめるだけ。　⟸ 根拠
天然植物由来の殺菌成分 (PBG) が徐々に溶け出し、口やのどに侵入した
ウィルスを殺菌します。
なめ終わった後も約15分間、殺菌効果が持続するので、かぜを効果的　⟸ ベネフィット
に予防します。

・携帯に便利な個包装
・甘すぎず、さっぱりとした4種類の味
　（レモン、梅、ハーブ、お茶）
・ドラッグストア、薬局、販売店、CVSでお買い求めいただけます。　⟸ 購入決定に
・希望小売価格400円（20粒入り）　　　　　　　　　　　　　　　　　　必要な要素

出典：マクロミル「コンセプト調査の基礎ハンドブック」*1

▶ 図 7.4.2　簡易コンセプト、フルコンセプト例

●「購入意向」と「新奇性」から製品コンセプトを評価する

図7.4.3に、フルコンセプトを対象としたコンセプト評価調査の調査ゴール、聴取テーマ、主要な調査項目を掲載しています。調査のゴールは、製品化する価値があるコンセプトを判別し、「誰に、どのような価値を、どのように提供するか」といったマーケティング戦略の方針を立案することです。その実現に向けて、（1）製品コンセプトの評価、（2）コアターゲットとマーケティング要素の方向性検討、（3）製品コンセプトの改善点の特定、が主な聴取テーマになります。調査対象者は「カテゴリーの自購入自使用者」が基本になります。

製品コンセプトの評価では、「購入意向」と「新奇性」に注目します。トライアルの喚起には、この2つのスコアが高いことが必要です。また、購入意向は「Top2 Box（絶対買う＋たぶん買う）」ではなく、「Top Box（絶対買う）」で判断したほうが無難です。

●比較基準を設けて、製品コンセプトを評価する

「購入意向がどの程度あれば、受容性があると判断してよいか」といった悩みをよく聞きます。製品コンセプト単体での評価は難しいため、（1）同じ調査で、主要な競合商品の製品コンセプトを提示する、（2）過去に発売した製品コンセプトのスコアと比較する（ノルム値と呼ばれる基準値を設ける）ことで、製品コンセプトの受容性を判断していきます。

●「購入意向≠発売されたら絶対買う」ことを意識する

コンセプト評価調査をもとに、想定売上規模（概算）を算出することがあります。その場合、カテゴリー人口に、購入意向（Top2 Box）を掛けて算出すると、ほぼ間違いなく、楽観的な数値になります。

コンセプト調査における購入意向とは、「買ってもいい商品リスト」に入った程度の意味です。上市後に店頭で見かけても、すぐ隣で競合品が特売されていれば、競合品を購入する可能性は十分あります。

想定売上規模を算出するときは、購入意向を購入確率に調整することが必要です。図7.4.4に、シミュレーションテストの開発者であるアーバンによる調整率（アーバンモデル）を掲載しています。アーバンモデルは、購入意

向を「買いたい」ではなく、「買う」としている点が特徴です。また、調整率はやや控え目に設定されているため、「たぶん買う」「どちらでもない」を調整することがあります。筆者は「どちらでもない」に係数を掛けず、「たぶん買う」を若干低めに設定することが多いです。

コンセプト評価調査のゴール

製品化する価値があるコンセプトを判別し、「誰に、どのような価値を、どのように提供するか」といったマーケティング戦略の方針を立案する

聴取テーマ	主要な調査項目
① 製品コンセプトが十分なトライアルを見込めるかを判断する	● 製品コンセプトの使用意向 ● 製品コンセプトの新奇性／競合との違いのわかりやすさ ● 製品コンセプト項目別の魅力度 ● 製品コンセプトの想定使用シーン ● 製品コンセプトの購入意向(価格提示) ● 価格感を知りたい場合は、PSMやPRICE2を活用
② コアターゲットとマーケティング要素の方向性を決める	● カテゴリーの使用実態 (頻度／使用ブランド／使用における問題点など) ● カテゴリーの購入実態 (購入頻度／購入場所／購入時の重視点など) ● 属性 (性別／年代／職業／年収など)
③ 製品コンセプトの改善点を特定する	● 製品コンセプトのわかりやすさ ● 製品コンセプトの信憑性 ● 製品コンセプト項目別の信憑性

▶ 図7.4.3　コンセプト評価調査の調査ゴール・主要な調査項目

	調査結果	アーバンの調整率	調整後	
絶対に買う	12%	70%	8.40%	<調査結果>68.0%
たぶん買う	56%	35%	19.60%	
どちらでもない	21%	10%	2.10%	
たぶん買わない	7%	0%	0.00%	<調査結果>28.0%
絶対に買わない	4%	0%	0.00%	

▶ 図7.4.4　アーバンモデルを用いた購入意向の購入確率への変換

顧客満足度（CS）調査

商品・サービスに関する満足度を測定する調査

　顧客満足度（CS）調査とは、商品・サービスの購入者に、商品・サービスの満足度を測定する調査です。上市直後もしくは定期的に、顧客満足度調査を実施し、問題点があれば改善していきます。高い顧客満足度は、リピート購入や関連購買、周囲への口コミ、高価格帯の受容など、様々な効果につながるため、企業にとって重要な調査になります。

● 自社利用者と競合利用者の比較から満足度を測定する

　図7.5.1に、顧客満足度の調査ゴール、聴取テーマ、主要な調査項目を掲載しています。調査のゴールは、商品・サービスの満足度を測定し、改善すべき点がないかを確認することです。上市直後の場合は、購入者や購入理由が想定通りであるかを確認することもあります。

　顧客満足度調査では、（1）購入者の特性把握、（2）購入プロセスの把握、（3）満足度の水準・改善点の把握、が主な聴取テーマになります。調査対象者は「自社利用者と競合利用者」が基本です。それぞれ一定数以上の対象者を確保するようにします。なお、自社会員に対する顧客満足度調査の場合は、自社会員だけにアンケートを実施します。

● 総合評価は「総合満足度」「NPS」のどちらを使うべき？

　満足度の水準では、総合評価と個別評価項目について、5段階評価（非常に満足～非常に不満）で聴取することが多いです。ただし、総合評価については、「総合満足度」と「NPS（Net Promoter Score）」のどちらを使うべきか？　と悩む方が多いです。NPSは、友人や同僚に薦める可能性を11段階で聴取する形式で、事業成長率と相関があると言われています。一方、NPSはマイナスになることが多く、扱いにくい側面もあります。

　筆者は、総合満足度（5段階）とNPSを同じ調査で聴取し、両者の関係を

調べたことがあります。総合満足度の「非常に満足」とNPSの「推奨者」の大半が重複しており、いずれかのスコアを「ロイヤルティ指標」として分析することが多いです（図7.5.2）。

顧客満足度調査のゴール

商品・サービスの満足度を測定し、改善すべき点がないかを確認する

聴取テーマ	主要な調査項目
① 購入者は想定通りかを確認する	● 属性（性別／年代／職業／年収など） ● カテゴリー意識
② 購入プロセスは想定通りかを確認する	● ブランドを知ったきっかけ ● ブランドを購入したきっかけ ● 購入プロセス別の情報収集源 ● ブランドを選ぶ際に重視した点（ベネフィット） ● 直前に使用していたブランド ● 比較検討したブランド ● ブランドの購入理由／購入の決め手
③ 満足度の水準、改善点を確認する	● 総合満足度（NPS）、その理由（自由回答） ● 重視点（ベネフィット）に対する満足度 ● 不満点／改良してほしい点 ● 継続利用意向 ● 愛着度／価格プレミアム

▶ 図7.5.1　顧客満足度調査の調査ゴール・主要な調査項目

【NPS（Net Promoter Score）】

○○のご利用経験から、○○を友人や同僚に薦める可能性はどのぐらいありますか？

【NPSと総合満足度の関係】

【NPS】		【総合満足度】
推奨者		非常に満足
中立者	重複	満足
批判者		普通以下

● 「推奨者」もしくは「非常に満足」をロイヤルティスコアとして評価する

▶ 図7.5.2　NPSと総合満足度の関係

239

個別評価項目は「CX（顧客体験）」「構造化」を意識して設定する

　個別評価項目を設定する際は、「CX（顧客体験）」と「構造化」を意識することが重要です。CXとは「商品・サービスの購買プロセスにおける経験的な価値」を言います。営業・商品・店舗・コールセンターなどの直接的な顧客接点だけでなく、ブランドイメージといった情緒的な部分も顧客満足度に影響するため、評価項目に設定することが重要です。

　また、個別評価項目は、図7.5.3に示すように、構造的に整理しておきましょう。分析時には、どの中分類に問題があるかを確認し、詳細を小分類で確認できるようにします。

分析は「CSポートフォリオ分析」が基本も、ちょっとした工夫を

　顧客満足度調査の分析で有名なのが「CSポートフォリオ分析」です。CSポートフォリオ分析とは、項目別満足度と総合満足度／NPSへの影響度から、優先改善項目を抽出する分析手法です。図7.5.4に示すように、横軸に「総合満足度／NPSに対する影響度（相関係数）」、縦軸に「個別項目の満足度」を設定したプロット図を作成します。そして、右下の「総合満足度／NPSへの影響度が高い割に、満足度が低い個別項目」が優先改善項目になります。なお、左下には、コールセンターの対応など、制約条件がある項目（契約中は利用し続ける必要があるため、総合満足度／NPSへの相関が低くなると推測される項目）が位置付けられることが多いです。

　CSポートフォリオ分析はわかりやすいですが、デメリットもあります。それは自社と競合商品、それぞれCSポートフォリオ分析を実施すると、ほぼ同じ結果になることがある点です。実際、自社と競合商品の分析結果のコメントがほぼ同じになるケースがあります。

　その場合は、自社と競合を含めてアウトプットを作成することをお勧めします。例えば、横軸に自社と競合を含めた総合満足度／NPSに対する影響度を設定し、縦軸には（1）自社と競合の個別評価項目の満足度を折れ線グラフで表示する、（2）自社と競合全体の個別評価項目の満足度を比較し、スコア差分を表示する、などを実施します。その結果、競合と比べた自社の強み・弱みを把握できるようになります。

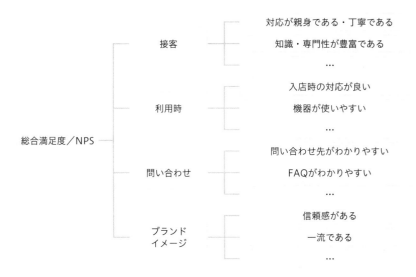

CSポートフォリオ分析

右下に入る項目が「最優先改善項目」です！

自社と競合で、それぞれCSポートフォリオ分析したら、ほぼ同じようにプロットされてしまい、自社の強み・弱みが見えない……

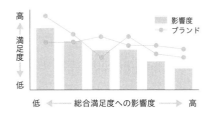

▶ 図7.5.4　CSポートフォリオ分析、応用パターン

241

広告効果測定調査

実施した広告が効果があったのかを測定する調査

　広告効果測定調査とは、テレビCMやWeb広告などの効果があったのかを検証する調査です。商品の認知度向上やイメージ改善、購入促進などの設定した目標を実現できたのかを検証することが目的になります。

広告効果測定調査は「心理効果」を測定する

　図7.6.1に、広告効果測定調査の調査ゴール、聴取テーマ、主要な調査項目を整理しています。調査のゴールは、広告の効果を判断するとともに、次回以降に向けた改善点を洗い出すことです。

　広告の効果には、(1) 媒体効果:どれだけのターゲットに広告が届いたか、(2) 心理効果:ターゲットが広告に気づいたか、どう感じたか、どう行動したか、(3) 販売効果:広告の結果として、どのくらい売上が増えたか、の3つの効果があります。(3) の効果は、配荷率などの複数の要因が絡み、広告投下量と売上高の直接的な効果を測定しにくいため、広告効果測定調査では「心理効果」の測定が中心になることが多いです。

本来の効果測定は「事前／事後比較」。厳しい場合は「事後」で評価する

　広告効果測定の方法は、事前（プレ）調査と事後（ポスト）調査で、ブランドの市場浸透度、イメージ、ブランド評価などのスコア差分で測定するのが理想です。事前調査の実施が難しい場合は、事後調査の「広告接触者」と「広告非接触者」のスコア差をもとに判断します。ただし、6.10の因果推論で説明したセレクションバイアスが発生する点に注意が必要です。

　広告評価では、「広告の第一印象」「広告評価」「広告イメージ評価」「広告閲覧後の行動喚起」などを聴取します。広告イメージ評価では「ポジティブな評価（わかりやすい、説得力があるなど)」に加えて、「ネガティブな評価（イライラする、嘘くさいなど)」も聴取するようにしましょう。

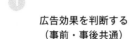

広告効果測定調査のゴール

広告の効果を判断するとともに、次回以降に向けた改善点を洗い出す

聴取テーマ	主要な調査項目
❶ **広告効果を判断する** **（事前・事後共通）**	● 主要ブランドの認知／購入経験／現在利用／購入意向 ● 主要ブランドのブランドイメージ ● 主要ブランドの好意度 ● 主要ブランドのエンゲージメント
❷ **次回に向けた広告の** **改善点を洗い出す**	● 広告認知 ● 広告のカテゴリー認知／商品・サービス認知 ● 広告の第一印象 ● 広告評価（目立つ／好き／興味／共感など） ● 表現で印象に残った箇所 ● 広告イメージ評価 ● 広告閲覧によるブランド購入喚起 ● 広告閲覧後の行動喚起

▶ 図 7.6.1　広告効果測定調査の調査ゴール・主要な調査項目

【理想】

事前（プレ）調査と事後（ポスト）調査の調査対象条件、設問などを揃えて、スコア差分から効果を測定する

【よくある現実】

事後（ポスト）調査のみ実施し、広告接触者と広告非接触者のスコア差分から効果を測定する

▶ 図 7.6.2　広告効果測定の「理想」と「よくある現実」

第
7
章

代表的なリサーチテーマの理解

おわりに

● Webアンケートの設計・分析で大事なことは？

筆者がインターネット調査を主幹とするインフォプラント（現マクロミル）に入社したとき、リサーチはほぼ未経験でした。リサーチやビジネス書籍を読み漁り、試行錯誤を重ねてきました。マクロミルでは多くの賞を受け、クライアントからも評価していただくことができました。

筆者がWebアンケートの設計・分析で大事にしているのは、（1）終わりから始める、（2）仮説は進化させてこそ意味がある、（3）アンケート回答者の想いを代弁する、の3点です。

終わりから始めるとは、クライアントの課題を聞きながら「調査で何がわかったら嬉しいのか／成功なのか」「どのようなアウトプットを出せれば、そう、それが欲しかった！と喜んでもらえるか」を考え続けることです。

残り2つは、最近の出来事でお話しいたします。自分がクロス集計をもとに、データ分析していたときのことです。経験の浅いメンバーから「渋谷さんって、地道にデータを可視化して、追加集計もやるんですね。もっとセンスで考えていると思いました。基本に忠実なんですね」と言われました。報告会の後には「商品を使っていないのに、ユーザーの気持ちがわかるかのように話すんですよね」とも言われました。自分には当たり前のことで驚きました。

アンケートは、消費者の顕在意識の集まりです。クロス集計を1回実施しただけでは、新しい発見は出てきません。本書で記載したような深掘りが必要で、事実と事実をつなぎ合わせ、「回答者は、どのような想い・不満を抱えながら商品に巡り合い、どのように使い、何に満足・不満を感じているのか」と、回答者の想いを妄想しています。何度も何度も「これって、どういうこと？」と考え込みます。周囲にも「これって、何でだと思う？」と質問します。この過程こそが、本来のデータ分析であり、地道に実践することが「なぜ（WHY）」を読み解くセンスを磨くことになると思っています。

Webアンケートを実施する際の手引書として、本書を有効活用していただければ幸いです。

2023年11月　株式会社エイトハンドレッド　渋谷智之

参考文献

● **第1章　意識データを使いこなすことの重要性**

＊1　クレイトン・M・クリステンセン、タディ・ホール、カレン・ディロン、デイビッド・S・ダンカン、依田 光江 訳『ジョブ理論 イノベーションを予測可能にする消費のメカニズム』ハーパーコリンズ・ジャパン（2017）

＊2　西口 一希『企業の「成長の壁」を突破する改革 顧客起点の経営』日経BP（2022）

＊3　電通『2021年 日本の広告費』
https://www.dentsu.co.jp/knowledge/ad_cost/2021/index.html

＊4　エイトハンドレッド『ライフセグメント定点調査』2023年1月調査
https://eight-hundred.com/analytics/

＊5　花王株式会社 ホームページ
https://www.kao.co.jp/employment/kao/work/mk/

● **第2章　Webアンケートの実施ステップ**

＊1　日本マーケティング・リサーチ協会『経営業務実態調査』
https://www.jmra-net.or.jp/activities/trend/investigation/

＊2　マクロミル『Questant（クエスタント）』
https://questant.jp/
https://questant.jp/template/user.html

＊3　マクロミル『集計のキホン』
https://www.macromill.com/tabulation/faq/beginner/start-use.html
https://www.macromill.com/tabulation/faq/03-data-processing/

＊4　マクロミル『時系列でみた消費者心理と消費者行動　～Macromill Weekly Index 300週の軌跡～』
https://www.macromill.com/service/column/researcher/018/

＊5　マクロミル プレスルーム 2017年7月19日
https://www.macromill.com/press/release/20170719.html

● **第3章　Webアンケートの成否を握る「リサーチ企画」の理解**

＊1　クレイトン・M・クリステンセン、タディ・ホール、カレン・ディロン、デイビッド・S・ダンカン、依田光江 訳『ジョブ理論 イノベーションを予測可能にする消費のメカニズム』ハーパーコリンズ・ジャパン（2017）

＊2　高松 康平『筋の良い仮説を生む問題解決の「地図」と「武器」』朝日新聞出版（2020）

＊3　西口 一希『たった一人の分析から事業は成長する 実践 顧客起点マーケティング（MarkeZine BOOKS）』翔泳社（2019）

＊4　エイトハンドレッド『ライフセグメント定点調査』2021年7月調査
https://eight-hundred.com/analytics/

＊5　マクロミル リサーチャーコラム『「比較」を意識して、カスタマーの理解を深めよう』
https://www.macromill.com/service/column/researcher/015/

第4章　Webアンケート調査票の作成

＊1　日本マーケティング・リサーチ協会『モニター満足度調査からみたネットリサーチモニターの実態』(2018.5)

https://www.jmra-net.or.jp/Portals/0/committee/internetresearch/20180907/002.pdf

＊2　佐藤 義典『売れる会社のすごい仕組み 明日から使えるマーケティング戦略』青春出版社（2009）

＊3　J.E.Brisoux,E.J Cheron "Brand Categorization and Product Involvement" Advance in Consumer Research（1990）

https://www.acrwebsite.org/volumes/7004/volumes/v17/NA-17

＊4　デービッド・A. アーカー著、陶山 計介、尾崎 久仁博、中田 善啓、小林 哲 訳『ブランド・エクイティ戦略―競争優位をつくりだす名前、シンボル、スローガン』ダイヤモンド社（1994）

＊5　ケビン・レーン・ケラー、恩藏直人 訳『戦略的ブランド・マネジメント 第3版』東急エージェンシー（2010）

＊6　日本マーケティング・リサーチ協会『インターネット調査品質ガイドライン（第2版)』(2020.5)

https://www.jmra-net.or.jp/Portals/0/rule/guideline/20200525_internet_guideline.pdf

＊7　株式会社マクロミル 品質管理ポリシー『質問ランダマイズの効果』

第5章　Webアンケートの集計・分析

＊1　西口 一希『たった一人の分析から事業は成長する 実践 顧客起点マーケティング（MarkeZine BOOKS)』翔泳社（2019）

＊2　Dick, A.S. and K. Basu "Customer Loyalty; Toward an Integrated Conceptual Framework", Journal of the Academy of Marketing Science(1994)

＊3　佐藤 義典『新人OL、つぶれかけの会社をまかされる』青春出版社（2010）

第7章　代表的なリサーチテーマの理解

＊1　マクロミル「コンセプト調査の基礎ハンドブック」

https://www.macromill.com/service/report/knowhow/007/

索引

248

250

著者プロフィール

エイトハンドレッド

2022年7月、国内オンラインリサーチ業界のリーディングカンパニーである株式会社マクロミルのデータコンサルティング事業と、マーケティングコンサルティング事業を手掛ける株式会社SOUTHが統合して設立されたコンサルティング会社。マーケティングおよびデータ利活用に強みを持つ。コンサルタント、アナリスト、エンジニアがチームを組み、顧客企業の経営・事業戦略、組織設計・管理、システム・データベース構築、データ分析・利活用、施策の実行・検証まで一気通貫で支援。

・株式会社エイトハンドレッド
https://eight-hundred.com/

渋谷 智之 (しぶやともゆき)

株式会社エイトハンドレッド　シニアプリンシパル
大学院でマーケティング・流通論を専攻後、シンクタンクに入社。流通・サービス業を中心に、業界動向、企業の経営戦略の分析、白書執筆等に従事。インフォプラント（現：マクロミル）入社後は、日用消費財・耐久財・サービスなど幅広い業種にて、マーケティング課題の整理・リサーチ企画・設計・分析・レポーティングを一気通貫にて対応（MVP等多数受賞）。また、マーケティングプロセス毎のリサーチを整理した「リサーチハンドブック」を開発。JMA（公益社団法人日本マーケティング協会）のマーケター育成講座の「リサーチ講座」など、社内外での講師実績多数。現在は、マクロミルグループの株式会社エイトハンドレッドにて、企業のデータ利活用の推進、マーケティング戦略の立案支援、人材育成支援に従事。
中小企業診断士、JDLA Deep Learning for GENERAL 2019 #3
著書：『データ利活用の教科書 データと20年向き合ってきたマクロミルならではの成功法則』（翔泳社）

装丁・本文デザイン	坂井デザイン事務所
カバーイラスト	iStock.com/ivanastar
DTP	シンクス

Webアンケート調査 設計・分析の教科書
第一線のコンサルタントがマクロミルで培った実践方法

2023年12月13日　初版第1刷発行
2024年10月 5日　初版第3刷発行

著　　　者	エイトハンドレッド	
	渋谷 智之（しぶや ともゆき）	
発 行 人	佐々木 幹夫	
発 行 所	株式会社翔泳社（https://www.shoeisha.co.jp）	
印刷・製本	日経印刷株式会社	

ISBN978-4-7981-8217-9　　　　　　　　　　　　　　　Printed in Japan